Los zumos de frutas y hortalizas

Una alternativa para comer sano

Véronique Liégeois

LOS ZUMOS DE FRUTAS Y HORTALIZAS

UNA ALTERNATIVA PARA COMER SANO

dve
PUBLISHING

© Editorial De Vecchi, S. A. 2019

© [2019] Confidential Concepts International Ltd., Ireland

Subsidiary company of Confidential Concepts Inc, USA

ISBN: 978-1-64461-365-8

Índice

SEGUNDA PARTE
LAS PROPIEDADES DIETÉTICAS
DE FRUTAS Y HORTALIZAS

Introducción

La alimentación occidental —la de los países ricos—, a pesar de ser abundante y variada, está lejos de la perfección.

Demasiadas grasas, muy pocos glúcidos (azúcares), una aportación en micronutrientes esenciales apenas suficiente… ¡Un balance que ni por asomo puede convertirse en modelo!

En efecto, comemos un exceso de materias grasas, a menudo disimuladas en las salsas, las pastas, los fritos, los embutidos, mientras que las recomendaciones actuales deberían orientarnos hacia una alimentación más rica en vegetales: cereales, frutas y verduras frescas. Estas últimas, totalmente desprovistas de lípidos, contienen en cambio glúcidos, fibras y sobre todo valiosos componentes indispensables para nuestra salud: vitaminas, sales minerales y oligoelementos, así como pigmentos antioxidantes variados.

Su aporte calórico, siempre muy moderado, contribuye a equilibrar la balanza energética del organismo, sin riesgo de excesos. Su importante volumen (gracias a la presencia de agua y fibras) aumenta la sensación de saciedad con un aporte moderado de energía, pero con una elevada cantidad de micronutrientes imprescindibles para el funcionamiento celular. Esta excepcional densidad nutritiva es, en efecto, la que los hace interesantes desde el punto de vista dietético.

Los zumos de frutas y vegetales, que son una forma agradable de consumir vegetales frescos, representan por lo tanto un buen complemento nutritivo, una especie de suplemento natural para nuestra alimentación habitual.

Más que una simple bebida, tienen la ventaja de aportar, obviamente, agua y una pequeña cantidad de fibras muy bien toleradas, pero sobre todo vitaminas C, E y del grupo B, carotenos y un cóctel de sales minerales y oligoelementos cuyo abanico es particularmente amplio. En total, más de una treintena de componentes originales, cuyo papel beneficioso se conoce cada vez mejor.

Cada fruta, cada vegetal es rico, además, en unas sustancias que le son específicas: compuestos de ajo o cebolla, enzimas proteolíticas de la piña o la papaya, pigmentos protectores de los vasos sanguíneos en la uva o la grosella...

El valor del mundo vegetal se encuentra en su gran diversidad. Ninguna fruta ni vegetal es superior a otro; al contrario, sus diferencias y su complementariedad, son lo que los hace aptos para actuar en provecho de nuestro bienestar.

Sin embargo, si los zumos de frutas y verduras son una forma de presentación de los vegetales, no es la única. Consumir zumos (incluso hechos en casa) no dispensa en ningún caso de la ingesta de frutas y verduras crudas y cocidas, todos los días y en todas las comidas. Su paso por la licuadora disminuye su contenido de fibras y de algunos micronutrientes (vitaminas). Los zumos son un complemento muy interesante a las formas clásicas de consumo (ensaladas, verduras cocidas, frutas crudas, compotas...) y una excelente alternativa a algunas bebidas, como las azucaradas o sodas, así como aquellas con alcohol. Además, se saca un buen provecho de las calorías, ya que los zumos vegetales son poco energéticos y ricos en vitaminas, sales minerales y oligoelementos.

Un factor aún más convincente para niños y demás golosos: un zumo de frutas o vegetales es una verdadera delicia. Escoja ingredientes de excelente calidad y consuma el zumo apenas preparado: ese sabor no puede compararse con ningún producto industrial... Cree las asociaciones más sabrosas a partir de nuestras sugerencias. ¡Mezclas dulces o aciduladas, ligeras o más energéticas, diuréticas o mineralizantes, los zumos son siempre vitaminados y deliciosos!

PRIMERA PARTE

SABERLO TODO SOBRE LOS ZUMOS DE FRUTAS Y HORTALIZAS

Su interés dietético

Los zumos de frutas y verduras conservan la mayor parte de las propiedades nutritivas de los vegetales de los que proceden. Los zumos elaborados a partir de productos de buena calidad y consumidos rápidamente tras su preparación pueden contribuir a cubrir algunas de nuestras necesidades nutritivas. Fáciles y agradables de beber, representan una forma ideal de consumo para todos aquellos que no comen suficientes frutas y verduras. Los niños, los adolescentes, las mujeres embarazadas o las personas mayores, por distintas razones, deberían dar prioridad a este tipo de bebida.

Conocidos y consumidos desde siempre, los zumos de frutas y vegetales, gracias al desarrollo de nuevas técnicas, hoy día han alcanzado una gran expansión, ya sean hechos en casa o industriales.

El agua

El primer elemento constituyente, por cantidad, de los zumos de frutas y vegetales es el agua. En efecto, estos, al igual que los vegetales de los que proceden, contienen entre el 80 y el 95 % de agua. Su consumo contribuye a la hidratación de los tejidos y, sobre todo, a eliminar los residuos del organismo.

Nuestras necesidades de agua son muy elevadas —2,5 l al día—, aportadas por los alimentos (1 l) y por las bebidas ingeridas (1,5 l). Un vaso de zumo de frutas (200 a 250 ml) representa un aporte de agua muy importante. Puede ayudar a cubrir las necesidades de agua, sobre todo para quienes no aprecian el agua «natural».

Sin embargo, es preciso vigilar su aporte energético: 20 a 30 kcal/100 ml en los zumos de frutas, 10 a 25 kcal/100 ml en los zumos vegetales.

Los glúcidos

El aporte energético de los zumos de frutas y vegetales se debe a la presencia de glúcidos (azúcares). Al igual que los vegetales frescos, los zumos están desprovistos de lípidos (grasas) y no contienen proteínas. Los glúcidos que aportan son de distintos tipos, pero son glúcidos simples: glucosa, fructosa y sacarosa. El almidón, un glúcido complejo formado por largas cadenas de glucosa, es poco digerible cuando está crudo. En general, no está presente en las frutas muy maduras, y las verduras que contienen almidón no pueden consumirse en zumo. Eso ocurre con las judías verdes o las patatas, por ejemplo.

La glucosa y la sacarosa se asimilan durante la digestión. Su aporte energético es muy rápido, algo que debe tenerse en cuenta en caso de esfuerzo físico.

Poseen otro elemento: la fructosa, un glúcido simple cuya asimilación se efectúa muy despacio. La principal ventaja de la fructosa es que libera su energía en la sangre de modo progresivo y el organismo la utiliza poco a poco. Por esa razón, los zumos de frutas se recomiendan en la práctica del deporte.

Se consumen de dos modos distintos: en pequeñas cantidades durante las horas precedentes a una competición o partido, o bien durante el esfuerzo, sobre todo si este es intenso y prolongado (ciclismo). La asociación de esos dos tipos de glúcidos (lentos y rápidos), que combinan el efecto «de arranque» y energía «de fondo», presentes en los zumos de frutas y vegetales, es muy importante.

El contenido de glúcidos es variable según el tipo de zumo. Las frutas tienen mayor cantidad de glúcidos que las verduras.

Comprenden de un 6 a un 18 % de glúcidos, mientras que las verduras aportan sólo del 1 al 3 %. Pero incluso en las frutas más dulces (cereza, plátano, uva), el aporte energético (o calórico) de un vaso de zumo sigue siendo moderado: alrededor de 80 kcal como máximo.

CONTENIDO DE GLÚCIDOS DE ALGUNAS FRUTAS	
Valor glucídico	
Contenido inferior al 12 % de glúcidos	Contenido superior al 12 % de glúcidos
Albaricoque, arándano, carambola, casis, frambuesa, fresa, fruta de la pasión, grosella, kiwi, limón, mandarina, melocotón, melón, naranja, papaya, pomelo, ruibarbo, sandía	Caqui, cereza, ciruela, higo, mango, manzana, pera, piña, plátano, uva

Las vitaminas

Una de las cualidades más apreciadas de los zumos de frutas es su contenido de vitamina C.

También contienen carotenos y numerosas vitaminas pertenecientes al grupo B.

La *vitamina C* está presente en cantidades muy importantes en algunas frutas: la naranja, el pomelo, la mandarina, el limón, el kiwi y en las frutas rojas, entre las que se encuentran la fresa, la grosella…

Un vaso de uno de estos zumos de frutas cubre las necesidades de vitamina C de un día para un adulto. Por ello se aconseja su consumo regular durante todo el año. Algunos vegetales son también fuentes de vitamina C. La col, el pimiento o el perejil, que se pueden mezclar con otras verduras más dulces (el tomate, la zanahoria) para mayor equilibrio gustativo, son los más importantes.

La vitamina C es un potente antioxidante: retrasa el envejecimiento celular, e interviene en el buen funcionamiento de las defensas inmunitarias. Su presencia es necesaria en la síntesis del colágeno, sustancia presente en los tejidos. Por último, facilita la asimilación de hierro y contribuye a luchar contra la anemia.

Los zumos de frutas y vegetales aportan una gran cantidad de *provitamina A* o carotenos. Se transforma en el intestino y el hígado en vitamina A activa. Se necesita para el crecimiento y contribuye a que la retina funcione. Los carotenos son, como la vitamina C, antioxidantes que protegen las células del envejecimiento.

Todas las *vitaminas del grupo B*, salvo la B_{12}, que se encuentra en los organismos animales, están presentes en los zumos de frutas y vegetales. Incluso aunque sea en pequeñas cantidades, constituyen un aporte secundario que no debe despreciarse. Además, la mayoría de vitaminas actúan en sinergia, y su efecto se acentúa con la variedad. En cuanto a las vitaminas del grupo B, hay que destacar que intervienen en el funcionamiento de las reacciones de síntesis y del catabolismo de glúcidos, lípidos y proteínas.

Las sales minerales

Una de las ventajas nutritivas de los zumos de frutas es su riqueza en sales minerales. Es típico (y está fundamentado) considerarlos alimentos remineralizantes. Es uno de sus atributos de mayor importancia.

El elemento predominante es el *potasio*. Está presente en gran cantidad (150 a 400 mg/100 ml) y confiere un efecto diurético a las bebidas: estimula los riñones, que eliminan con más facilidad el exceso de sodio (o sal) y agua retenida en los tejidos. Los zumos limpian el organismo de modo natural, lo que explica la sensación de ligereza o de «deshinchazón» que se produce tras la ingestión de esas bebidas. La riqueza en agua de los zumos y vegetales, así como su escaso aporte de sodio, contribuyen a estimular la eliminación renal.

Los zumos de frutas y vegetales contienen también otros minerales: *calcio* y *magnesio*. Ambos intervienen en la constitución y el crecimiento de los huesos, así como en el funcionamiento neuromuscular. Las necesidades de ambos elementos son elevadas, y los zumos de frutas contribuyen a cubrirlas. Completan el aporte de los productos lácteos (primera fuente de calcio) y el de los cereales y legumbres (ricos en magnesio). La carencia de calcio puede conllevar, sobre todo en mujeres, la aparición de osteoporosis, una fragilidad ósea que puede provocar fracturas.

El magnesio ayuda a mejorar la calidad del sueño. La necesidad de nuestro organismo de este elemento aumenta en periodos de estrés. Como es difícil cubrir las necesidades de magnesio, no puede despreciarse ninguna fuente de alimentación. Algunos vegetales contienen más magnesio que otros: alcachofas, acelgas, espinacas, acedera, fruta de la pasión o mora.

En cambio, todas las frutas y verduras frescas aportan bastante calcio: 50 mg/100 g (la mitad menos que la leche).

Las numerosas sales minerales presentes en los zumos de frutas y vegetales reequilibran el pH sanguíneo con una acción alcalina, algo muy importante hoy día, puesto que la alimentación moderna, rica en cereales y en productos cárnicos, es más bien acidificante.

Los antioxidantes

El papel de los antioxidantes naturales se conoce cada día mejor. Muchos estudios científicos lo han analizado, y su impacto sobre la salud parece interesante. ¿Qué representa?

El metabolismo (o funcionamiento) celular produce, de forma inevitable, residuos químicos muy reactivos que dañan las estructuras celulares.

La principal consecuencia de esta agresión es el envejecimiento de los tejidos.

Se considera que la aparición y el desarrollo de algunas enfermedades (cardiovasculares y tumorales) están relacionados con la reiteración de dichas agresiones, que impiden que el organismo se enfrente a ellas de forma que pueda impedir el proceso de degeneración de los tejidos.

La naturaleza es sabia: ciertas sustancias neutralizan esos residuos metabólicos peligrosos para salvaguardar la integridad celular. Estas son los antioxidantes. El papel protector de las *vitaminas C y E*, de los *carotenos*, del *cinc* y del *selenio* se conoce hoy día bastante bien.

Existen otras moléculas (no vitamínicas) con un efecto similar o que actúan en sinergia con las primeras: los *flavonoides*, pigmentos presentes en todos los vegetales, con un importante papel protector.

Gracias a su riqueza en micronutrientes, las frutas y verduras frescas, y por lo tanto sus zumos, contribuyen a limitar los efectos de las moléculas oxidantes.

Nuestra alimentación moderna, constituida por alimentos refinados (azúcar, pan blanco…) es pobre en micronutrientes de este tipo.

El consumo regular de zumos de fruta y vegetales es una forma simple de poner remedio a esto, al menos en parte. La riqueza en pigmentos es muy variable según las características de cada vegetal.

Los cítricos son muy ricos en pigmentos, al igual que los distintos géneros de lechugas, las coles, las hierbas aromáticas o la cebolla.

Las manzanas, cerezas o bayas constituyen una buena fuente de pigmentos.

Pero lo importante es variar el consumo; las frutas y verduras son complementarios: algunas son muy ricas en carotenos (el mango, el melón o la zanahoria), otras en vitaminas C (los cítricos, la col o el pimiento), y otras, en cambio, son extraordinariamente ricas en flavonoides antioxidantes (los cítricos, las bayas rojas o la col).

Las fibras

Los zumos de frutas o vegetales contienen menos fibras que los vegetales enteros.

Al exprimirlos o pasarlos por la licuadora, se desecha la mayor parte de la piel y de la pulpa. El contenido de fibras disminuye en la misma proporción. Como promedio, la cantidad de fibra se sitúa entre 1 y 2 g/100 g, mientras que la de los zumos es de 0,2 a 1 g/100 g.

El impacto de las fibras sobre nuestra salud está hoy día reconocido, a pesar de que, durante muchos años, se consideró que eran elementos menores, puesto que no se asimilan por completo durante la digestión.

Hoy día se sabe que las fibras vegetales son necesarias para el buen funcionamiento del tránsito intestinal y que tienen un papel de primer orden en la protección del organismo frente a algunos cánceres. Al favorecer las fermentaciones naturales que tienen lugar en el colon, permiten a algunas cepas bacterianas desarrollarse en detrimento de cepas perjudiciales o patógenas.

Las fibras presentes en las frutas y verduras (y en menor cantidad en sus zumos) son de distintos tipos, que explicamos a continuación.

La *pectina*, la fibra dulce que se hincha durante la digestión, mejora la colesterolemia y modera la asimilación de glúcidos. La *celulosa* y la *hemicelulosa* agilizan el tránsito intestinal y aumentan el volumen de las heces.

Los zumos de frutas y verduras no tienen la misma cantidad de fibra que los vegetales consumidos enteros. Ingeridos con regularidad, aportan una pequeña cantidad de fibra, que se añade a las demás fuentes alimentarias.

Los zumos son muy adecuados para tomar vegetales en el caso de que se tenga sensibilidad digestiva. Tienen la gran ventaja de que son menos irritantes que los vegetales enteros, y a menudo se toleran mejor en las enfermedades gástricas (gastritis, úlcera, etc.) o cólicas (colitis, espasmos dolorosos, intolerancias, etc.).

¿CÓMO OBTENER ZUMOS MÁS RICOS EN FIBRAS?

Para conservar la máxima cantidad de fibras, se pueden plantear dos soluciones.

1. Pase los frutos cortados a trocitos por la licuadora sin pelarlos ni quitarles las pepitas. Recupere la pulpa, la piel, etc., y páselas varias veces por la licuadora.

Los restos, cada vez más finos, acaban pasando en gran cantidad al zumo, que se enriquece progresivamente en fibras. Deseche los «restos» que queden, constituidos sólo por las partes vegetales no consumibles (pepitas, piel más espesa, pedúnculo, etcétera).

2. Pele los frutos (si es necesario) y quíteles las pepitas. Páselos por la licuadora. Recupere la pulpa y échela al zumo. Obtendrá así un zumo muy agradable de consumir.

La elección depende de los vegetales utilizados, pero sobre todo de la potencia de su licuadora. El primer método necesita un aparato más potente.

Los demás constituyentes

Durante mucho tiempo se ha considerado que los zumos de frutas y vegetales eran bebidas sin un interés dietético real debido a su contenido en agua, algunos glúcidos y vitaminas. Pero se ha demostrado que tienen elementos básicos para nuestra salud, bien conocidos hoy, así como otras sustancias, cuyas propiedades se amplían día a día.

Los *polioles* (o polialcoholes), un tipo de glúcidos, están presentes en frutas y vegetales, así como en sus zumos. Son glúcidos cuya asimilación no es completa, y que fermentan en el colon, como las fibras, bajo el efecto de la flora bacteriana. Aumentan la velocidad del tránsito intestinal y favorecen la producción de bilis en el hígado. En cuanto a la digestión, hay que destacar las propiedades depurativas, conocidas desde siempre, de las ciruelas, cerezas, peras, endibias y coles.

La presencia de *compuestos azufrados* (en la col, el ajo, la cebolla o el chalote) sería un medio natural de prevención de algunos cánceres. Algunas de esas sustancias tienen un efecto antiséptico local (en la mucosa digestiva) y general (pulmonar), también reconocido desde hace tiempo.

Por otra parte, los numerosos *ácidos orgánicos*, como el ácido cítrico o málico, contribuyen a una buena mineralización ósea. Al combinarse con algunos minerales presentes en los vegetales frescos, favorecen el equilibrio ácido-básico al neutralizar los residuos ácidos generados por una alimentación rica en cereales y en carne, o tras un esfuerzo físico (acumulación de ácido láctico).

Por último, uno de los principales puntos de interés de los zumos de frutas y verduras que, a menudo, se desconoce, en la medida en que se preparan en casa y no padecen ninguna transformación térmica, es que poseen una flora natural que contribuye a equilibrar la de nuestro tracto digestivo.

Los zumos industriales: tecnología y denominación

Por desgracia, no siempre tenemos el tiempo para exprimir en casa frutas frescas. Y sustituimos los zumos caseros por otros industriales. Hay que tener cuidado, ya que en las tiendas se encuentran preparados muy distintos, y todos los zumos de frutas o vegetales no tienen el mismo interés nutritivo y gustativo.

Afortunadamente, la reglamentación que afecta a la producción y la comercialización de zumos de frutas o vegetales es muy precisa. Al leer —descodificar— las etiquetas, hay que estar seguro de no equivocarse.

A continuación expondremos algunas indicaciones que le permitirán entender mejor las diferencias de precios, de sabor o de contenido de vitaminas.

Algunas indicaciones sobre reglamentación

La denominación *zumo de frutas* o *zumo vegetal* sólo puede aplicarse al zumo de frutas natural obtenido al exprimir o licuar frutas y verduras frescas, maduras y sanas. Estos, incluso obtenidos por métodos industriales, son productos simples y naturales. El zumo extraído no debe ser fermentado y puede contener sólo un 1 % de alcohol. Esta condición exige un perfecto dominio de la cadena de fabricación, ya que un zumo de frutas que contiene glúcidos y una flora natural es un producto frágil. Tiende a fermentar y a oxidarse con rapidez, lo que se nota en el sabor y en su composición.

Los productos comerciales están estabilizados al ser conservados al fresco o congelados, y se asocian a una pasteurización que disminuye o detiene su evolución.

En las tiendas, los zumos pueden contener algunos aditivos; por ello es imprescindible leer su etiqueta. Es posible que el zumo lleve azúcar, sal o especias. Por otra parte, los frutos pueden ser tratados con anhídrido sulfuroso o conservante autorizado, un aditivo que debe evitarse comprando zumos que no lo contengan.

Los zumos de larga conservación

Son los más corrientes. Se conservan varios meses a temperatura ambiente; por consiguiente, son muy prácticos y pueden sacarle de un apuro cuando tenga prisa. Pero en esta categoría existen varios tipos de zumos, cuya composición es variable. Hay que saber diferenciarlos.

La etiqueta «100 % zumo de fruta» indica que se trata de zumos obtenidos exprimiendo la fruta o el vegetal, y envasados en botellas esterilizadas. Son productos de muy buena calidad: conservan el sabor de la fruta de origen y contienen muchas vitaminas. Su precio es un poco elevado, ya que se fabrican allí donde se recogen los frutos y luego deben ser transportados.

Al ser voluminosos y pesados, su coste de transporte es oneroso, en particular los zumos de naranja o de pomelo, que pueden viajar desde Estados Unidos a Europa.

Los zumos que indican «a base de concentrado» no son tan caros. Obtenidos al exprimir frutas y vegetales en el lugar de producción, se concentran con un proceso de evaporación al vacío. Reducidos a un 20 % de su volumen inicial, se congelan. Una parte de los aromas que se han evaporado durante esta concentración se introduce en el zumo concentrado, para preservar su sabor. Estos zumos pueden ser transportados a menor coste por todo el mundo. El concentrado será luego descongelado, diluido, pasteurizado y envasado en botella de cristal o tetrabrik. Todas esas operaciones modifican el sabor del producto de origen pero permiten obtener zumos sin aditivos a precios competitivos.

Los *néctares* son los productos menos interesantes desde el punto de vista nutritivo. Contienen sólo una fracción de zumo de frutas; el resto es agua o azúcar. Aportan muchas menos vitaminas y antioxidantes, y sus cualidades están diluidas.

Este método permite obtener zumos de frutas menos acuosas: plátano, pera, albaricoque o guayaba. Su espesa pulpa no permite realizar zumos. Añadirles azúcar es la única manera de preparar bebidas a partir de esas frutas.

Los néctares no pueden sustituir las frutas o los zumos de frutas (desde el punto de vista nutritivo), y su consumo debe ser complementario. Hay que evitar los néctares de naranja o de otros cítricos, de los que pueden extraerse zumos puros sin dificultades tecnológicas.

Además, es necesario impedir que los niños y adolescentes se acostumbren al consumo de néctares: ricos en azúcar pero pobres en vitaminas y en micronutrientes, no responden a las necesidades de su organismo en crecimiento.

Por último, las tres categorías precedentes pueden llevar la mención «Agricultura Biológica»: indica que se obtienen de frutas o vegetales en cultivo biológico. Es una indicación suplementaria que afecta a la materia prima utilizada, que garantiza la utilización de técnicas naturales y no contaminantes durante su cultivo.

Los zumos congelados

En algunos países pueden encontrarse zumos de frutas congelados. Son concentrados y se descongelan en un envase con agua. Son baratos y se conservan varios meses en el congelador.

Tienen las mismas cualidades que los zumos «a base de concentrado»: en general sin azúcar añadido, contienen vitamina C de la fruta o vegetal de origen. Su sabor está modificado respecto al de un zumo pasteurizado debido al proceso de concentración. Las reglas de higiene que afectan a este tipo de producto son las mismas que para los congelados. Compruebe que el envase esté intacto ya que una descongelación, incluso parcial, provoca rastros de humedad y una deformación de este. Transporte los zumos congelados en una bolsa isotérmica y no vuelva a congelar un zumo descongelado para evitar cualquier proliferación bacteriana.

EL SABOR... ¡ANTE TODO!

En una misma categoría de productos —los 100 % zumo de frutas, por ejemplo—, se encuentran zumos cuyas cualidades de sabor son muy variadas debido a la calidad de las frutas o vegetales utilizados, su grado de madurez y la selección de los mismos. Le corresponde al consumidor elegir, siempre en función de sus propios gustos.

Sin embargo un zumo obtenido de ingredientes de buena calidad se reconoce fácilmente.

Los zumos frescos

Son los de creación más reciente; se encuentran en las estanterías de productos frescos, pero cuidado, existen categorías muy distintas: los «frescos» y los «refrigerados». Los primeros son parecidos a los hechos en casa. El zumo, obtenido exprimiendo las frutas y vegetales maduros, se envasa de inmediato y se pone al fresco. Sólo se conserva unos siete días, y siempre en la nevera. Es de excelente cualidad gustativa, ya que no pasa por ningún tratamiento térmico.

Los «refrigerados» sufren una *pasteurización*: llevados a 95 °C durante segundos, se conservan más tiempo (dos meses), pero siempre en frío.

El precio de estos productos es mucho más elevado que el de los zumos de larga conservación. ¿Está justificada esta diferencia? ¡No siempre! Hay zumos de calidades muy distintas:

exprimidos (como en casa), néctares (con agua y azúcar) y zumos reconstituidos a partir de concentrados, ¡la elección no siempre es fácil!

Lo importante es leer la etiqueta y comprobar la fecha de caducidad: es mucho más reducida para los poco o no pasteurizados.

Deben evitarse los fabricados a partir de concentrados, que ya nada tienen que ver con los zumos frescos.

Aunque esos productos tienen un valor gustativo superior y un índice de vitamina C elevado, es preciso saber que son frágiles.

Deben conservarse al fresco sin rotura de la cadena de frío, so pena de fermentar muy rápidamente.

En el momento de la compra, compruebe siempre la temperatura del frigorífico en el que se encuentran (máximo: 4 °C), y póngalos en frío cuando llegue a casa. Lo ideal sería transportarlos en bolsas isotérmicas, con el fin de evitar cualquier elevación de la temperatura.

PARA UNA BUENA ELECCIÓN, RECUERDE:

- «Zumo fresco»: caro, pero muy próximo al hecho en casa.

- «100 % zumo de fruta»: un buen producto que se conserva mucho tiempo.

- «A base de concentrado»: menos caro, y menos bueno.

- «Néctares»: sólo para algunas frutas (plátano, pera, albaricoques, etc.) y de modo excepcional.

Debe comprobar también el aspecto de la botella, tetrabrik o plástico, que no debe haber sido abierta (controle el opérculo) ni estar deformada (hinchada o con depresiones).

El producto no debe tener un olor agrio o ácido, y la presencia de espuma o de pequeñas burbujas demuestra que ha fermentado.

Los preparados en polvo

Se trata de bebidas azucaradas con sabor a frutas. Estos preparados no se parecen en nada a los verdaderos zumos de frutas o vegetales.

Prepárese sus propios zumos de frutas y hortalizas

El material indispensable

La licuadora

Para realizar zumos de frutas y vegetales, se necesita una inversión mínima: la licuadora es la herramienta indispensable.

El principio de la licuadora es una simple trituración muy fina de la fruta o verdura, asociada a una separación del zumo y de los restos muy fibrosos en dos compartimientos diferentes. Por una parte, recupera el zumo y, por otra, una pulpa muy espesa, la piel y las pepitas. Se puede pasar de nuevo esta mezcla por la licuadora para extraer un poco más de zumo. Esta segunda extracción es mucho menos sabrosa: puede tomar el sabor de la piel o de las partes internas del fruto (pepitas, semillas) lo que no siempre es deseable (piel de pera o de naranja). Pero, para ciertos frutos, esta técnica permite extraer una cantidad suficiente de zumo (frutas rojas). ¿Cómo escoger la licuadora? Existen diferentes modelos en el mercado, pero su elección deberá guiarse por dos parámetros: sus necesidades y el presupuesto.

• Sus necesidades: ¿va a utilizarla todos los días o sólo ocasionalmente y para realizar una gran cantidad de zumo o menos de medio litro cada vez?

Existen pequeñas licuadoras (con una capacidad de 400 ml de zumo), destinadas a utilizaciones puntuales, para una o dos personas. Las familias numerosas escogerán una licuadora con una capacidad superior (750 ml), mejor adaptadas a su consumo.

• Su presupuesto: algunos modelos son muy potentes y permiten reducir a zumo frutas y verduras enteras, sin pelar, sean las que sean. Con muy buenos resultados, son también bastante caras y poco adaptadas a una utilización muy puntual. En cambio, representan el instrumento ideal para realizar rápidamente zumos de frutas frescas en gran cantidad. Ideal para regalársela o que se la regalen cuando se dispone de un pequeño huerto: los zumos podrán congelarse o servir de base para almíbares, jaleas y jugos de frutas, que podrán degustarse todo el año.

• Último criterio: ¡la simplicidad! Si su aparato es complicado de montar y desmontar, acabará utilizándolo de forma ocasional. Para beneficiarse de los zumos frescos de frutas y vegetales, hay que consumirlos de forma regular.

Hay que limpiar la licuadora después de usarla, so pena de ver cómo se desarrollan mohos y otros microorganismos indeseables, invisibles pero peligrosos. Todas las partes de su aparato deben desmontarse con facilidad, poder lavarse con agua y jabón (salvo el bloque motor) y no presentar ningún rincón inaccesible donde puedan concentrarse restos vegetales y humedad. Por todo ello no debe dudarse en pedir al vendedor que desmonte la licuadora para comprobar esos puntos tan importantes antes de comprarla. Cuidado con el filtro, que debe ser de algún material inalterable (acero inoxidable, plástico sólido) y lavable.

Algunos modelos están equipados con un cepillo diseñado para limpiar el filtro; si el suyo no lo incluye, puede servir un pequeño cepillo para la vajilla. Otro dispositivo muy práctico es un sistema antigoteo (como en las cafeteras eléctricas), que permite retirar el recipiente que contiene el zumo sin que este continúe derramándose por debajo. ¡Un detalle muy simple que facilita su limpieza!

Los demás utensilios

El exprimidor

Muy práctico para extraer el zumo de limones, pomelos, naranjas y mandarinas, este pequeño utensilio (eléctrico o no) no tiene ninguna utilidad para los demás vegetales. Está indicado para añadir zumo de limón o naranja a otros zumos hechos en casa, con el fin de alargarlos o modificar su color o sabor. En el caso de estas frutas, extraer el zumo con la ayuda de un exprimidor es más rápido que con una licuadora, cuya utilización necesita a menudo pelar los frutos.

El colador chino, o el colador

Algunos zumos ricos en pulpa pueden filtrarse antes de consumirlos, lo que modifica su textura. Es preciso saber que esta filtración disminuye su contenido de fibras de modo significativo, lo que no es deseable, ya que las fibras son elementos necesarios para un buen equilibrio alimentario. Sólo las personas con sensibilidad digestiva pueden sacar algún provecho de este aligeramiento en fibras.

Pero ya sea por cuestiones de gusto o de salud, la filtración de los zumos supone la compra de un colador de plástico o de acero inoxidable, ya que los zumos de frutas y vegetales ricos en ácidos orgánicos dañan los otros materiales. Por cuestiones de higiene, pero también de gusto, es preferible reservar la utilización de este colador para la elaboración de zumos.

La coctelera

Facultativa pero práctica para realizar mezclas de distintos zumos, o para añadir otros ingredientes (azúcar, miel, etc.). Facilita la disolución y se obtienen mezclas esponjosas y muy agradables. Escoja un modelo pequeño (25 cl) e inalterable.

La batidora

Permite realizar algunos zumos de frutas (melón, fresa), con-
servando su pulpa, que puede diluirse con agua. Se conservan
todos los elementos nutritivos de la fruta o el vegetal, pero
esta técnica no puede realizarse con todos los vegetales. En
efecto, más que zumos se obtienen jugos, que se consumen de
otro modo.

Cómo utilizar los zumos de frutas y hortalizas

Los zumos de frutas y vegetales son productos sanos recomendados para todos. Muy superiores, desde el punto de vista nutritivo, a las bebidas azucaradas o alcohólicas, podrían consumirse con más frecuencia de lo que se consumen hoy día. Por su aporte de vitaminas, de sales minerales y compuestos antioxidantes protectores, son el complemento ideal para quienes tienen necesidades nutritivas.

Los consumidores

Los niños

Los zumos de frutas constituyen una forma simple y agradable de tomar frutas.

Por desgracia, no siempre es fácil que los niños consuman tantos como sería deseable. Los zumos tienen la ventaja de ser muy fáciles de tomar (no deben pelarse o cortarse) y no llenan tanto como una fruta entera. Es un detalle importante, ya que los niños, cuya capacidad gástrica es inferior a la del adulto, renuncian a comer fruta porque, al finalizar la comida, ya no tienen hambre.

Los zumos de frutas se aceptan mucho mejor y contribuyen a cubrir las necesidades de agua de los niños, sin aportar tanto azúcar como las bebidas carbónicas de las que los pequeños suelen abusar.

PARA QUE NIÑOS Y ADOLESCENTES APRECIEN LOS ZUMOS DE FRUTAS

• Haga que participen en la preparación del zumo.

• Propóngales zumos de frutas rojas o de verano.

• Sorpréndalos con zumos de tomate, de zanahoria o de hinojo.

• Mezcle los zumos de fruta (pera, plátano, melocotón) con leche, ¡es delicioso!

• Endulce con azúcar los zumos si las frutas son muy ácidas.

• Juegue con el exotismo de la papaya, las frutas de la pasión o el mango.

Los adolescentes

La alimentación de los adolescentes no cubre siempre sus necesidades de vitaminas y de sales minerales, y el equilibrio alimentario no es la mayor preocupación de los jóvenes. El consumo de bebidas azucaradas, incluso de alcohólicas, es excesivo entre los jóvenes, y los zumos de frutas podrían ser un sustituto muy beneficioso. Los adolescentes, debido a sus elevadas necesidades energéticas, pueden consumir zumos más ricos en glúcidos: uva, plátano o cereza. Se puede añadir un poco de azúcar o miel para endulzarlos; lo que importa es el aporte vitamínico y de sales minerales.

Las personas mayores

En las personas mayores, las dificultades de masticación conllevan una disminución del consumo de frutas y verduras crudas. Al ser muy difíciles de comer, las dejan de lado, sin poder compensar el déficit de vitamina C con otros alimentos. Los zumos de frutas o vegetales pueden ser una solución: fáciles de ingerir, son, además, muy digestivos al tener menos fibras que los vegetales enteros. Sin embargo, hay que escoger los que tienen más ácido ascórbico (naranja o pomelo) así como frutas exóticas.

Las mujeres embarazadas y en periodo de lactancia

Durante la gestación, las necesidades de micronutrientes aumentan, pero la tolerancia digestiva disminuye: náuseas, acidez de estómago, saciedad. Los zumos pueden aportar un suplemento de vitaminas y de sales minerales sin sobrecargar el estómago. Y, además, cubren la necesidad de agua del organismo.

Se pueden consumir fuera de las comidas, durante los refrigerios que se aconsejan a las embarazadas, por la mañana y por la tarde, junto con un producto lácteo (aporte de calcio) o con pan (glúcidos complejos).

Durante el periodo de lactancia, una de las reglas dietéticas más importantes es asegurar un aporte hídrico suficiente (2 l de agua al día). Los zumos de frutas o vegetales pueden ayudar a cubrir esa necesidad.

Las cantidades ideales para cada uno

Los zumos vegetales y de frutas, que tienen aportes glucídico y energético diferentes, no deben consumirse del mismo modo.

Los zumos de frutas

De hecho, son ricos en glúcidos (5 a 20 %), y es preciso contabilizar este aporte durante el día, para no consumir demasiados glúcidos simples, en detrimento de los complejos. Se puede jugar con la equivalencia entre zumos de frutas y frutas enteras: un vaso de zumo de frutas (200 ml) equivale a una fruta media. Pero esta equivalencia no es demasiado exacta: la fruta consumida entera tiene propiedades nutritivas diferentes por su riqueza en fibras. Se recomienda que se consuman de uno a dos vasos de zumos de frutas al día, de media, y una fruta entera.

Los zumos vegetales

En general se consumen pocas verduras, y el aporte energético de los zumos vegetales es insignificante. No existen pues cantidades a respetar; el límite es la tolerancia digestiva, ya que los zumos vegetales son laxantes. Como para las frutas, los zumos vegetales no sustituyen a los vegetales enteros. En el adulto, la cantidad de vegetales que debe consumirse cada día debería aproximarse a los 400 g, cantidad a la que se puede añadir de uno a dos vasos de zumos vegetales.

Los zumos y los regímenes

Los zumos de frutas y vegetales son una forma de consumo de vegetales adaptada a algunos regímenes.

Desnutrición, cansancio, convalecencia

Las personas con desnutrición o que tengan poco apetito pueden beneficiarse de estos preparados, gracias al consumo de zumos de frutas, un complemento de energía glucídica fácil de consumir. Es preferible escoger zumos muy digestivos (manzana, uva, frutas de verano) y ricos en glúcidos (uva, plátano).

Se pueden enriquecer con miel o azúcar para aumentar su concentración en glucosa (5 g por 100 ml). Los zumos de frutas aportan vitaminas y sales minerales, contribuyendo así a revitalizar al individuo de modo natural.

Los regímenes de adelgazamiento

Los zumos de frutas naturales y no azucarados pueden contabilizarse como frutas para no desequilibrar el régimen. Su poder saciante no siempre es tan elevado como el de las frutas enteras. Una vez ingeridos, no se quedan mucho tiempo en el estómago y no sacian como las frutas enteras.

Un zumo de frutas es muy aconsejable en el desayuno porque no sobrecarga el estómago de quienes no tienen mucha hambre a esa hora del día.

Los zumos vegetales, en cambio, gracias a su aporte energético nulo, pueden consumirse con regularidad. Representan una alternativa a los aperitivos clásicos, demasiado energéticos para incluirse en un régimen hipoenergético.

Gracias a sus vitaminas, a sus sales minerales y a su contenido antioxidante, los zumos contribuyen al mantenimiento correcto de micronutrientes en estos regímenes. En efecto, hoy día está demostrado que los regímenes adelgazantes son susceptibles de aumentar las necesidades de micronutrientes, ya que suponen un estrés para el organismo, y a índices energéticos bajos el aporte de esas sustancias no cubre las necesidades. Consumir regularmente y en cantidad adecuada vegetales frescos, zumos, es una manera de poner remedio a este problema.

Los regímenes sin sal

El régimen sin sal es difícil de seguir. Se prescribe para toda la vida, es monótono y soso.

Los zumos de frutas, en el régimen sin sal, se autorizan a voluntad. Pobres en sodio, son, en cambio, muy ricos en potasio y en agua, lo que contribuye a limitar la sobrecarga hidrosodada en el riñón. Reequilibran los aportes de potasio y de sodio y, por lo general, tienen un efecto beneficioso.

Los zumos de frutas no están limitados, en la medida en que su contenido de sodio es prácticamente insignificante

(1 a 3 mg/100 ml). Pero se evitará el consumo de zumos de ciertos vegetales, más ricos en sodio: zanahoria, apio, espinacas o remolacha. Cuidado también con los condimentos que pueden contener sodio: sal de apio y preparados en polvo a base de especias; compruebe siempre la composición en la etiqueta, y, en caso de duda, absténgase.

El diabético

¿Se pueden consumir zumos de frutas o verduras sin problema en caso de padecer diabetes? Es preciso saber diferenciar los casos. El contenido de glúcidos de los zumos de frutas es importante. Entra en la ración diaria autorizada de glúcidos, determinada por el médico y el dietista. De media, un vaso de zumo de fruta (200 ml) contiene entre 16 g de glúcidos (zumo de naranja) y 30 g (de uva). Es preciso saber que los zumos de frutas se asimilan mejor que las frutas enteras, ya que contienen menos fibras, por lo que aumentan más rápido la glucemia. Cuando se consumen con la comida, este efecto se diluye.

En el caso de los diabéticos, el consumo de verduras frescas no está limitado. Sucede lo mismo con los zumos vegetales si se consume un vaso al día.

Es bueno saber que el zumo de zanahoria es uno de los más dulces (7 g de glúcidos/100 ml). Prefiéralo en cóctel, con otras verduras menos ricas en glúcidos: pepino, col o hinojo.

El colesterol

El papel beneficioso de los vegetales en el índice de colesterol y la prevención de las enfermedades cardiovasculares es cada día más patente. Las poblaciones que consumen vegetales frescos de forma regular y en cantidades importantes parece, en efecto, que están más protegidas frente a estas enfermedades. Se estima que los efectos beneficiosos de las frutas y vegetales son debidos a tres factores: un mejor equilibrio global de la ración (gracias a su aporte de glúcidos), una mejora del metabolismo del colesterol (eliminación acrecentada, gracias a las fibras) y un aporte específico en sustancias antioxidantes variadas (vitaminas, flavonoides, etc.). Los zumos de frutas y vegetales también poseen esas propiedades. Pero sus efectos están menos marcados, ya que su riqueza en fibras, incluso en micronutrientes, es inferior a la de los vegetales enteros.

Sea como sea, los zumos de frutas y vegetales, por su efecto depurativo y su aporte de antioxidantes, son un complemento al consumo de vegetales.

Hacer una cura de zumos de frutas u hortalizas

Las curas de vegetales frescos, enteros o en zumos, se conocen desde siempre por sus propiedades depuradoras y estimulantes. Pueden adoptar formas variadas, por lo que sus indicaciones son diferentes.

Las monodietas

Sólo se consume un tipo de zumo de fruta o de verdura, durante todo el día y durante varios días.

Este tipo de dieta se asemeja al ayuno, en la medida en que el aporte energético diario sigue siendo muy bajo (1 l de zumo de frutas representa entre 200 y 500 kcal). Tiene la ventaja, en comparación con el ayuno completo, de proporcionar un aporte glucídico mínimo necesario para el funcionamiento correcto del cerebro. El beneficio para la salud está sobre todo relacionado con el descanso del tracto digestivo y la limpieza del organismo (efecto diurético y laxante de los vegetales). Además, algunas frutas o vegetales tienen propiedades específicas: drenantes hepáticos (alcachofa, rábano, pera, ciruela), desinfectantes intestinales (ajo, cebolla, puerro, col), remineralizantes (espinacas, remolacha) o que contienen vitaminas en cantidad elevada (carotenos de los albaricoques y de las zanahorias, ácido ascórbico de los cítricos y de los kiwis).

Este tipo de cura no debe en ningún caso prolongarse más de tres días, ya que carece de nutrientes esenciales: proteínas, algunos lípidos y algunas vitaminas (B_{12}). Además, es imperativo beber abundantemente durante esta cura y sobre todo descansar. Un aporte energético tan débil es incompatible con cualquier actividad, incluso moderada. Por último, las mujeres embarazadas, las personas mayores y los enfermos no deben seguir este tipo de dieta, que puede ser peligrosa para su salud.

Las dietas vegetales

Como para las monodietas, la alimentación se compone sólo de zumos de frutas o verduras, pero se utilizan diversas variedades de vegetales. Las indicaciones y contraindicaciones son las mismas. La diferencia radica en la mezcla de propiedades de las frutas y vegetales utilizados; se pueden unir el mango, el albaricoque y el melón por su riqueza en carotenos y completar la dieta con naranjas y fresas para obtener un aporte de vitamina C elevado.

Las curas parciales

Además de una alimentación ligera pero equilibrada, se consume antes de cada comida un vaso de zumo de fruta o vegetales (siempre el mismo) de diez a quince días. Es una forma razonable de aprovechar las propiedades de esos vegetales sin ningún peligro, al contrario. Es preciso escoger el fruto o verdura en función de la temporada y de los beneficios sobre la salud que se esperan de él.

Por ejemplo, cura de zumo de naranja durante los meses de invierno, una cura depurativa de rábano negro en primavera, una cura de alcachofa en otoño, etc.

Conservar correctamente los zumos de frutas y hortalizas

Los zumos hechos en casa

Seamos claros: ¡los zumos de frutas y vegetales no se conservan! En algunos minutos, se oxidan y pierden todas sus vitaminas. Además, adquieren una coloración pardusca, debida a las transformaciones químicas de pigmentos y taninos, que no es nada apetitosa. En algunas horas, pueden fermentar (producción de alcohol) y ser sede de un desarrollo bacteriano indeseable. Consúmalos de inmediato tras exprimirlos o licuarlos para aprovechar sus vitaminas.

La congelación casera de zumos de frutas no es aconsejable, ya que los electrodomésticos no son lo bastante potentes para congelar los zumos con rapidez. La pérdida vitamínica es inevitable.

Los zumos industriales

ZUMOS FRESCOS

Almacénelos en la nevera. Son productos frágiles, y no deben permanecer demasiado tiempo a temperatura ambiente. Piénselo también cuando los sirva: tenga el tetrabrik o la botella el mínimo tiempo posible fuera de la nevera.

Compruebe siempre la fecha de caducidad y consuma los zumos en las cuarenta y ocho horas siguientes a la apertura del tetrabrik.

LOS ZUMOS DE LARGA CONSERVACIÓN, EN BOTELLA O EN TETRABRIK

Es preciso almacenarlos en un lugar fresco y seco, si es posible al abrigo de la luz para los zumos en botella. Esos zumos son productos fáciles de utilizar, que evolucionan poco durante su almacenaje. Vigile la rotación de las botellas para consumir siempre las más antiguas y limitar el tiempo de almacenaje. Después de abrirlas, beba el zumo durante los tres días siguientes, por higiene y sabor.

LOS ZUMOS CONGELADOS

Lo más importante es que pase el menor tiempo posible entre la compra y la introducción del zumo en el congelador, con el fin de evitar la elevación de la temperatura. En casa podrá conservarlos varios meses sin problemas, comprobando, como siempre, la fecha de caducidad. Después de descongelarlos, es preciso consumirlos rápidamente.

Saber escoger frutas y hortalizas

Escoger bien los productos frescos

El frescor y la calidad de las frutas y vegetales que utilice para realizar los zumos son muy importantes. La preparación de un zumo no tolera ninguna fruta o verdura demasiado madura o verde, o incluso estropeada por enfermedades o insectos. Un buen zumo de frutas o vegetales sólo puede obtenerse si estos son de gran calidad.

Tener en cuenta la temporada

Las frutas y verduras más sabrosas son las que comprará en plena temporada. Además, tienen la ventaja de ser más baratas. Cosechadas cuando están maduras, contienen más principios nutritivos que los vegetales que han terminado su madurez durante su transporte (prematuramente en caso de producción fuera de temporada). Se aconseja utilizar frutas y vegetales según su periodo natural de llegada al mercado.

Reconocer los signos de calidad

En algunos países funciona el siguiente sistema de etiquetado:
— etiqueta roja: categoría extra;
— etiqueta verde: categoría I;
— etiqueta amarilla: categoría II.

Estas categorías se refieren al aspecto de frutas y vegetales, que se seleccionan cuidadosamente gracias a criterios propios de cada especie.

La categoría extra se concede a frutas y vegetales que no tienen defectos visibles: tomates redondos o alargados, manzanas sin mancha, etc.

Las categorías no garantizan el sabor del producto, y la utilización para zumos de productos de categoría I (etiqueta verde) no plantea problemas.

FRUTAS Y VEGETALES SEGÚN LA TEMPORADA

FRUTAS

Verano	Otoño	Invierno	Primavera
albaricoque	ciruela	frutas exóticas	cereza
ciruela	manzana	mandarina	frambuesa
fresa	melocotón	manzana	fresa
melocotón	pera	naranja	melocotón
melón	uva	pera	naranja
nectarina		plátano	pomelo
pera		pomelo	
sandía			

VEGETALES

Verano	Otoño	Invierno	Primavera
apio	apio	apio	alcachofa
hinojo	pepino	col	col
pepino	tomate	zanahoria	pepino
rábano	zanahoria		rábano
tomate			tomate
zanahoria			zanahoria

Otro criterio que puede ayudarle a escoger bien sus productos es la frescura, es decir, el plazo que pasa entre la cosecha y la venta, ya que condiciona el contenido de vitaminas de la fruta o vegetal. El contenido de vitaminas, y sobre todo en vitamina C, no cesa de disminuir durante el almacenaje de vegetales frescos. Su sabor evoluciona también, y es preferible utilizar frutas y verduras que se acaben de cosechar. He aquí algunos elementos para distinguir los vegetales cosechados recientemente:

— la piel es lisa y no está arrugada;
— los pedúnculos no están secos;
— existe una fina película blanca (polvillo) en la uva y las ciruelas;
— las hojas no están marchitas.

Evite todas las frutas y vegetales manchados o marcados por golpes. A menudo su sabor está alterado, y no es posible su utilización en zumos.

Un último consejo: al utilizarse siempre vegetales crudos para la realización de zumos, es necesario lavarlos, ya que los microorganismos de su superficie no serán destruidos con la cocción. No olvide lavar las frutas y vegetales con agua fresca, después de mondarlas, si es necesario.

Utilizar frutas y hortalizas en conserva o congeladas

Es evidente que los zumos de frutas o verduras deben prepararse, siempre que sea posible, con vegetales frescos. Su sabor y su valor nutritivo son superiores. Algunos productos congelados o en conserva pueden utilizarse en pequeñas cantidades, como ingredientes secundarios, fuera de temporada:

— los congelados: frutas rojas, exóticas, albaricoques y melocotones, descongelados al fresco o a temperatura ambiente. Mezclados con frutas frescas (manzanas, peras, cítricos, etc.), permiten variar las mezclas y combinar sabores;
— las conservas: piña, lichis, mangos, peras. Estas frutas, cocidas, no dan muy buenos resultados, pero pueden aromatizar un zumo fresco y endulzarlo.

Los demás ingredientes

Un buen zumo de frutas o vegetales, sobre todo si se ha realizado con productos de buena calidad, basta por sí mismo. Pero, para variar los placeres, es posible añadir otros ingredientes que, además de su sabor, pueden aportar un complemento desde el punto de vista nutritivo.

El azúcar

Añadido a los zumos de frutas e incluso de vegetales, cubre su acidez y ensalza el sabor de las frutas poco maduras. El azúcar representa un aporte de glúcidos (en forma de sacarosa), de energía. Su principal defecto es que está desprovisto de vitaminas y de sales minerales; no conviene abusar de él. Así, una cucharadita (5 g) aporta 20 kcal; una cucharada sopera, el doble (40 kcal). Este aporte de glúcidos puede ser beneficioso para quienes tengan necesidades energéticas elevadas: los adolescentes o deportistas pueden endulzar sus zumos.

El azúcar moreno (de remolacha o de caña de azúcar) es más conocido por su sabor que por su riqueza en vitaminas y sales minerales, que es, como en el azúcar refinado, insignificante. No olvidemos que el azúcar es un ingrediente que debe utilizarse en cantidades nimias y que en ningún caso cubre nuestras necesidades de micronutrientes. Al ser un alimento agradecido por excelencia, favorece el consumo de otros alimentos más fundamentales desde el punto de vista nutritivo (frutas, productos lácteos, etc.).

La miel

Al igual que el azúcar, aporta energía glucídica (glucosa y fructosa). Su contenido de vitaminas y minerales es más elevado, pero la importancia de la miel radica en su aporte de sustancias antiinfecciosas naturales y de esencia de plantas: le confieren propiedades específicas (antiespasmódicas, digestivas), conocidas desde hace siglos.

Como contiene fructosa, la miel tiene un poder edulcorante superior al del azúcar, y es posible obtener el mismo sabor dulce con menos cantidad; no obstante, tenga cuidado si vigila su línea: espesa y densa (salvo si se licua calentándola), la miel es difícil de añadir en poca cantidad. Una cucharadita contiene 10 g de miel (30 kcal).

Los edulcorantes

El más utilizado es el aspartamo, de origen proteico, que no presenta ningún efecto nocivo para la salud. El aspartamo, comercializado bajo diferentes marcas, que se vende en farmacias o en las grandes superficies, no aporta calorías. Tiene un papel destacado en regímenes hipocalóricos y para diabéticos. Se utilizará en los zumos de frutas demasiado ácidos para endulzarlos. La presentación en polvo se adapta muy bien a esos preparados. Una cucharadita de edulcorante tiene el mismo poder que una de azúcar.

La sal

La sal puede añadirse a los cócteles de zumos vegetales. Se puede escoger la sal aromatizada con apio, que casa muy bien con el zumo de tomate, de pepino o de rábano. Añadir sal no modifica el aporte energético. Sin embargo, altera el equilibrio entre el sodio (sal) y el potasio (vegetales), limitando el efecto diurético de los zumos vegetales. No se aconseja abusar de ella si se busca un efecto depurativo y antirretención de líquidos. Si desea añadir un poco de sal, escoja la sal marina no purificada, rica en magnesio y oligoelementos.

Las especias

Sin duda, los zumos vegetales o de frutas no necesitan ser aromatizados. Su sabor natural basta por sí solo. Pero, para cambiar, se puede añadir pimienta (deliciosa con las verduras, pero también con las frutas), guindilla, nuez moscada, vainilla, una punta de cacao (con los cítricos). Las especias y plantas aromáticas no aportan calorías pero contienen polifenoles y pigmentos vegetales antioxidantes.

Cada uno tiene propiedades específicas, con frecuencia de estimulación de las funciones digestivas (pimienta y guindilla, sobre todo, son irritantes).

Las hierbas aromáticas

Utilizadas frescas, aportan un complemento de vitaminas (vitaminas C y B_9, carotenos) y de sales minerales. Pueden pasarse por la licuadora junto con los demás ingredientes o se pueden utilizar cortadas a trocitos, salpimentando el zumo.

Además de su interés nutritivo, las hierbas aromáticas presentan, como las especias, propiedades específicas: digestivas, estimulantes, etc.

La levadura de cerveza y el germen de trigo

Son dos complementos alimentarios fáciles de añadir a los zumos. La levadura destaca por su riqueza en vitaminas del grupo B, y tiene efectos sobre el sistema neuromuscular y la belleza de la piel. El germen de trigo es una excelente fuente de vitamina E y de ácidos grasos poliinsaturados. Estos complementos alimentarios son muy beneficiosos si se utilizan en pequeñas cantidades (una o dos cucharaditas al día), pero regularmente. Cubren las necesidades de micronutrientes.

El alcohol

Al ser una sustancia tóxica para el organismo, ¡es obvio que sólo podemos desaconsejarlo! No obstante, es posible añadir una cantidad de alcohol muy pequeña en algunos zumos (ron, vodka), que se convierten en un aperitivo alcoholizado. La cuestión es consumirlo en cantidades razonables.

SEGUNDA PARTE

LAS PROPIEDADES DIETÉTICAS DE FRUTAS Y HORTALIZAS

Las frutas

Albaricoque

Temporada: verano
Valor nutritivo: 47 kcal/100 g

Propiedades nutritivas

El albaricoque es rico en carotenos, los pigmentos anaranjados que le dan su bonito color. Los carotenos (el betacaroteno) son antioxidantes potentes que, al neutralizar los radicales libres, limitan los efectos del envejecimiento. Además, el organismo transforma el betacaroteno en vitamina A, indispensable para la visión nocturna y el crecimiento. El zumo de dos o tres albaricoques (100 g) cubre la mitad de las necesidades de esta vitamina. Está pues aconsejado en niños y adolescentes (para el crecimiento), pero también a fumadores.

El aporte de potasio del albaricoque es también muy elevado: evita la retención de agua en el organismo.

Sus fibras dulces (pectinas) son bien toleradas si el albaricoque está maduro, condición indispensable para obtener zumo.

Consejos de preparación

El albaricoque no es una fruta muy acuosa: hay que alargar el zumo con un poco de agua o con zumo de naranja, lo que lo enriquece en vitamina C.

Aportación a la forma y la belleza

El albaricoque tiene un efecto benéfico sobre la piel y las mucosas. Favorece el equilibrio intestinal (antidiarreico). Alcalinizante, ayuda a luchar contra los desequilibrios ácido-básicos en el caso de acumulación de acidez durante un esfuerzo físico.

Ideas para mezclas

Naranja, limón, melocotón, nectarina, melón, frambuesa, fresa, pera, zanahoria, mango.

Arándano

Temporada: verano
Valor nutritivo: 50 kcal/100 g

Propiedades nutritivas

El arándano, al igual que la mora, puede cultivarse o ser silvestre. Se trata de variedades diferentes: la primera, con una pulpa color violeta oscuro, es más rica en pigmentos vegetales.

El arándano es moderadamente energético: contiene un 10 % de glúcidos y aporta 50 kcal/100 g. Su perfil en micronutrientes es bastante original. No es muy rico en sales minerales, ni siquiera en potasio, lo que es raro en una fruta. Su consumo no conlleva ninguna recarga renal, ya que es muy rico en agua.

Su contenido de vitaminas es más bien medio, salvo de vitamina E, antioxidante que se halla en los aceites vegetales.

Consejos de preparación

Los arándanos silvestres deberán escogerse y lavarse, y luego licuarse. Los arándanos cultivados están limpios, ya que no tocan nunca el suelo: se pueden lavar sólo con agua. No se conservan, es preferible utilizarlos recién recogidos o comprados.

Aportación a la forma y la belleza

Los arándanos se conocen por su efecto beneficioso sobre la vista: esta cualidad, demostrada científicamente, se debe a su riqueza en pigmentos antocianínicos que tienen un papel protector del sistema vascular, fluidificando la sangre y reforzando las paredes de los capilares. Por otra parte, se venden extractos de arándano en forma de complementos alimentarios o medicamentos. El beneficio sobre la salud de la planta fresca siempre es mayor; esos componentes actúan en sinergia (vitaminas, sales minerales, pigmentos).

Ideas para mezclas

Frambuesa, fresa, mora, cereza, manzana, pera, naranja, pomelo, mandarina, casis, uva, plátano.

Caqui

Temporada: otoño e invierno
Valor nutritivo: 65 kcal/100 g

Propiedades nutritivas

El caqui es una fruta rica en glúcidos y energética. Su bonito color naranja confirma la presencia, en cantidad importante, de carotenos (o provitamina A). Su aporte de vitamina C no es insignificante (16 mg/100 g), o sea, un cuarto de necesidades diarias del adulto. La pulpa del caqui es rica en taninos, sustancias astringentes que disminuyen el tránsito intestinal. Mezclar el caqui con otros zumos laxantes limita su efecto irritante (naranja o uva).

El caqui contiene bastantes minerales, en especial calcio (20 mg/100 g), indispensable para el metabolismo óseo, y magnesio (en menor medida).

Consejos de preparación

Existen dos tipos de caquis: los que deben consumirse modorros, cuando su pulpa es transparente, y los que se toman apenas maduros (variedad «Sharon»).

Ambos pueden licuarse pero por el espesor de su zumo deben mezclarse con cítricos o uva.

Aportación a la forma y la belleza

Los carotenos del caqui se asocian a la vitamina C y a pigmentos particulares (licopenos), lo que confiere a esta fruta propiedades protectoras del sistema vascular.

Su riqueza en carotenos lo convierte en un precioso aliado contra el envejecimiento.

Ideas para mezclas

Naranja, pomelo, mandarina, carambola, manzana, pera, uva, kiwi.

Carambola

Temporada: invierno
Valor nutritivo: 30 kcal/100 g

Propiedades nutritivas

La carambola es muy rica en agua (90 %) y bastante pobre en glúcidos; es muy poco calórica, y puede consumirse sin restricciones. Bien provista de vitamina C (23 mg/100 g), es muy conveniente comprarla en invierno, ya que esta tiene un papel importante en la lucha contra las infecciones que suelen producirse durante la estación fría.

Su aporte de carotenos es también destacado (protección celular por neutralización de los radicales libres) y contribuye a cubrir nuestras necesidades.

Su contenido en minerales es, al contrario, bastante bajo, salvo en potasio.

Consejos de preparación

Basta con lavar la carambola con agua y cortarla a trocitos antes de pasarla por la licuadora. Muy acuosa, da un zumo abundante, más o menos acidulado según la madurez de la fruta. Su contenido de fibras disminuye, ya que ha sido despojada de la piel.

Por otra parte, su sabor acidulado permite mezclarla también con frutas y vegetales.

Aportación a la forma y la belleza

La carambola es muy tónica, lo representa un buen complemento de vitamina C; se puede mezclar con frutas menos ricas en esta vitamina para completar su aporte: plátano, uva, piña, etcétera.

Muy poco dulce, esta fruta es perfecta para los regímenes hipocalóricos, gracias a su amplio contenido mineral y vitamínico.

Ideas para mezclas

Naranja, pomelo, mandarina, plátano, caqui, ciruelas pasas, manzana, pera, uva, kiwi, zanahoria, col, pepino, hinojo, apio, tomate.

Casis

Temporada: verano
Valor nutritivo: 50 kcal/100 g

Propiedades nutritivas

El casis es la fruta más rica en vitamina C: contiene 200 mg/100 g, es decir, más del doble de las necesidades diarias. Añadir algunas semillas de casis, enteras o pasadas por la licuadora, a un zumo de frutas, aportan un «plus» de ácido ascórbico.

Las bayas de casis son ricas en pigmentos vegetales, cuyos efectos sobre la salud son múltiples: protección de capilares, incidencia sobre la visión, neutralización de los radicales libres, etcétera.

Su contenido de fibras disminuye tras el paso de las bayas por la licuadora.

Hay que añadir algunas semillas enteras en el zumo si se busca este enriquecimiento.

Consejos de preparación

Las frutas lavadas se pasarán por la licuadora, dos veces seguidas, para extraer el máximo de zumo. Escoja bayas bastante grandes, muy maduras, en plena temporada (julio): serán jugosas y dulces. Cuando empiezan a marchitarse, señal de deshidratación, ya no son aconsejables para zumos.

Aportación a la forma y la belleza

Las bayas de casis pueden utilizarse como cura cada año en verano.

Se consiguen así reservas de vitamina C (tono y estimulación del sistema inmunitario) y de pigmentos que protegen el sistema vascular y la retina.

El casis ofrece un aporte energético bastante modesto; se puede consumir sin problemas, incluso cuando se sigue un régimen hipoenergético.

Ideas para mezclas

Manzana, pera, melón, sandía, fresa, cereza, limón, frambuesa, naranja, pomelo.

Cereza

Temporada: verano
Valor nutritivo: 70 kcal/100 g

Propiedades nutritivas

La cereza es una de las frutas más ricas en glúcidos (16 %) y es muy energética.

Por ello, se adapta a todos los que tienen necesidades energéticas superiores, sea cual sea su situación: deportistas, adolescentes, mujeres en periodo de lactancia o personas mayores con poco apetito.

Su riqueza en potasio y en agua le confiere propiedades diuréticas: la cereza, que estimula el funcionamiento de los riñones, contribuye a luchar contra la retención de agua. Su riqueza en vitamina C es modesta (6 mg/100 g de media), pero es importante por su aporte de carotenos (provitamina A) y ácido fólico (vitamina B_9).

Consejos de preparación

Según la licuadora que se utilice, puede ser preferible quitar los huesos antes de extraer el zumo de las frutas ya que, al romperse, pueden dar un sabor particular a la mezcla. Se aconseja usar un deshuesador.

El sabor del zumo de cereza no es muy pronunciado, y es preferible tomarlo fresco, no helado. En todos los casos, por cuestión de higiene, lave rápidamente las frutas con agua fresca.

Aportación a la forma y la belleza

Las curas de zumos de cereza tienen fama de ser depurativas. Se utilizan estas frutas, o sus zumos, a razón de un kilo al día, durante un día o dos como máximo, ya que este tipo de alimentación es muy desequilibrado (carece de proteínas). El efecto sobre la retención de agua es destacable (sensación de «deshinchamiento»).

Ideas para mezclas

Frambuesa, fresa, casis, grosella, pomelo, naranja.

Ciruela

Temporada: verano y otoño
Valor nutritivo: 50 kcal/100 g

Propiedades nutritivas

Aunque sea de sabor dulce, la ciruela es rica en glúcidos (12 %). Su aporte energético se sitúa en la media: 50 kcal/100 g. Preparada en zumo, la ciruela pierde una parte de las fibras contenidas en la piel, pero su efecto laxante sigue siendo fuerte, gracias a su contenido de sorbitol (azúcar-alcohol estimulante del tránsito intestinal).

El aporte vitamínico de las ciruelas se distingue por su contenido de carotenos y pigmentos protectores (antocianina) para las variedades violetas. Estos últimos mejoran la resistencia de los capilares (pequeños vasos sanguíneos). Por último, la ciruela contiene glúcidos lentamente asimilados (fructosa), lo que le confiere un interés particular para la alimentación de los deportistas.

Consejos de preparación

Lave las ciruelas con agua fresca y córtelas en dos, quite el hueso y lícuelas. Añada unas gotas del zumo obtenido para limitar el fenómeno de la oxidación, que puede provocar que el zumo de las ciruelas amarillas se ponga pardo. Las ciruelas dan un zumo espeso, que se puede diluir con agua o con zumo de manzana.

Aportación a la forma y la belleza

Se utilizará el zumo de ciruela como cura depurativa: estimula la eliminación renal e intestinal. Se recomienda su consumo en otoño, para afrontar la vuelta a las tareas diarias en plena forma.

Ideas para mezclas

Manzana, uva, albaricoque, melocotón, naranja, pomelo, mandarina, ciruela pasa, frambuesa, grosella, melón, plátano, pera.

Ciruela pasa

Temporada: todo el año
Valor nutritivo: 170 kcal/100 g

Propiedades nutritivas

La ciruela pasa, al ser un fruto seco, es más concentrada en principios energéticos que las frutas frescas. Rica en glúcidos (40 %), también tiene una concentración más elevada de fibras y sorbitol que la ciruela; de ahí proviene su efecto laxante. Su contenido en sales minerales se ve aumentado respecto a las frutas frescas; contiene cerca de 1 g de potasio en 100 g, y su riqueza en calcio, en magnesio y en hierro es elevada.

La deshidratación tiene como efecto una pérdida total de vitamina C; en cambio, los carotenos están bien preservados.

Consejos de preparación

La ciruela pasa debe estar bien hidratada para que pueda extraerse el zumo. Las de principios de temporada (octubre), blandas, pueden pasarse por la licuadora, junto con un cítrico. Si las frutas están demasiado secas, déjelas en agua o en té durante algunas horas, cubriéndolas con líquido, ya que cuanto más abundante sea este, más elevada será la pérdida mineral por difusión en agua.

Por último, las pasas también se pueden batir y añadirse, en pequeña cantidad, a un zumo de cítrico o de manzana.

Aportación a la forma y la belleza

La ciruela pasa, rica en fibras y en sorbitol, tiene un efecto equilibrante sobre el tránsito intestinal, elemento importante en el equilibrio global del organismo.

Su riqueza en carotenos protectores limita los efectos del envejecimiento.

Por su aporte mineral, es un complemento perfecto en la alimentación de las mujeres, cuyo aporte de micronutrientes a menudo es deficitario.

Ideas para mezclas

Manzana, naranja, mandarina, pomelo, ciruela, pera, uva, zanahoria.

Frambuesa

Temporada: verano y otoño
Valor nutritivo: 35 kcal/100 g

Propiedades nutritivas

Muy baja en calorías, la frambuesa mantiene su equilibrio en vitaminas y sales minerales. Aporta vitamina C (25 mg/100 g), vitaminas del grupo B, calcio, magnesio, hierro, etc. Su contenido de fibras, muy elevado (7 %), disminuye tras su paso por la licuadora.

Para aumentarlo, si se desea un efecto estimulante sobre el tránsito intestinal, se añadirán al zumo las semillas que hayan quedado en el filtro. Pero sin sus semillas, la frambuesa gana en digestibilidad. Entonces es tolerada incluso por las personas más sensibles.

Consejos de preparación

No se aconseja lavar las frambuesas, ya que pierden sabor. Eventualmente pueden pasarse por un chorro de agua muy suave, sin estropearlas. Como las fresas, pueden batirse o licuarse. En el primer caso, nos beneficiaremos de sus fibras.

Las frambuesas congeladas, que conservan muy bien su sabor, pueden, fuera de temporada, ser útiles para aromatizar otros zumos de frutas (descongeladas previamente).

Aportación a la forma y la belleza

Deliciosa y poco calórica, la frambuesa debe consumirse sin restricción.

Al igual que la fresa, estimula las funciones de eliminación del organismo; se recomienda en curas cortas, para luchar contra la retención hidrosodada y el ácido úrico.

Ideas para mezclas

Fresa, grosella, casis, melocotón, albaricoque, plátano, piña, mango, naranja.

Fresa

Temporada: primavera, verano, otoño
Valor nutritivo: 35 kcal/100 g

Propiedades nutritivas

¿La fresa es tan rica como la naranja en vitamina C? ¡Cierto! Sin embargo, la fresa no tiene una piel espesa; por ello su contenido vitamínico disminuye al cosecharse. Pobre en glúcidos (7 %), es poco energética. Puede consumirse en cantidades importantes (200 a 250 g), sin riesgo de sobrecarga. Como zumo, se mezclará con frutas más calóricas, lo que permitirá aligerar algunos cócteles (plátano, manzana, pera, cereza). La fresa no es muy rica en sales minerales, pero, por su contenido de potasio, calcio, magnesio y hierro representa un aporte alimentario secundario.

Consejos de preparación

La fresa, una vez lavada con agua fría, está lista para ser licuada o batida. Es imperativo, para que conserve su sabor, que no se dejen nunca las fresas sumergidas en agua. Además, para preservar su vitamina C, abundante pero frágil, se aconseja consumir el zumo rápidamente tras su preparación.

Aportación a la forma y la belleza

La fresa llega a nuestros mercados en el momento en que los cítricos son menos abundantes, por lo que los sustituye como fuente de vitamina C. Pero como la fresa es una fruta muy frágil, es preciso consumirla pronto tras su cosecha para beneficiarse de sus cualidades. Lo ideal es tener algunas plantas en el jardín, con el fin de recoger las frutas según las necesidades. Mejora la eliminación de restos del organismo, en especial el exceso de ácido úrico (gota).

Ideas para mezclas

Naranja, pomelo, limón, melón, frambuesa, grosella, casis, albaricoque, melocotón, ciruela.

Fruta de la pasión

Temporada: invierno
Valor nutritivo: 60 kcal/100 g

Propiedades nutritivas

Las frutas de la pasión son excelentes fuentes de betacarotenos (antioxidante y precursor de la vitamina A), pero también de vitamina C; es raro que esto ocurra simultáneamente en una fruta. Muy bien provistas de potasio, tienen una acción diurética, que favorece la eliminación del agua y sodio. La fruta de la pasión es muy rica en fibras (7 %), las contiene en sus semillas, y se eliminan por la licuadora.

Consejos de preparación

Las frutas de la pasión, cuando están maduras, son de color pardo oscuro y su piel espesa se arruga. Abra las frutas en dos con la ayuda de un cuchillo cortante, retire el contenido con la ayuda de una cuchara, y luego páselo por la licuadora o viértalo en un vaso con zumo de frutas (naranja, pomelo). Recuperará la pulpa y las semillas crujientes, ricas en fibra y decorativas. Aciduladas, las frutas de la pasión casan muy bien con las frutas más dulces (plátano o pera). Muy aromatizada, esta fruta se asocia con los zumos de cítricos.

Aportación a la forma y la belleza

Una fruta original que podría consumirse mucho más a menudo: es una mina de vitaminas y de minerales, mientras que su aporte energético es moderado. Completa los regímenes adelgazantes, en los que el aporte de vitaminas y sales minerales es difícil de cubrir. Pero se aconseja también a niños y adolescentes, que aprecian, en general, su sabor típico de fruta exótica. Contribuye con eficacia a cubrir sus elevadas necesidades de micronutrientes.

Ideas para mezclas

Plátano, piña, mango, naranja, pomelo, nuez de coco, mandarina, carambola, manzana, pera, melocotón, albaricoque.

Grosella

Temporada: verano
Valor nutritivo: 30 kcal/100 g

Propiedades nutritivas

Muy poco azucarada (5 % de glúcidos), la grosella aporta pocas calorías. Su acidez se debe a la presencia de ácidos orgánicos, que reequilibran el aporte ácido-básico del organismo. Es una buena fuente de vitamina C, vitamina antioxidante cuyos efectos están potenciados por la presencia de pigmentos vegetales (los flavonoides). Estos últimos tienen un efecto beneficioso sobre la microcirculación sanguínea, mejoran la fluidez de la sangre y la resistencia de los capilares.

Consejos de preparación

Basta con lavar los racimos con agua fría y luego pasarlos por la licuadora. Se retirará la cola de las grosellas de calibre más importante antes de preparar los zumos. Muy acidulado, el zumo de grosella mejora si se le añade agua u otra fruta (plátano, manzana, pera, otras bayas). Las grosellas son, como todas las bayas, muy frágiles: evite conservarlas y consúmalas después de ser cosechadas.

Aportación a la forma y la belleza

Una cura de zumo de grosellas es beneficiosa para la circulación sanguínea, gracias a la presencia en esta fruta de vitamina C y de pigmentos protectores. La grosella, cuyo aporte energético es escaso, se adapta bien a los regímenes adelgazantes.

Ideas para mezclas

Fresa, frambuesa, casis, naranja, manzana, pera, uva, kiwi.

Higo

Temporada: verano y otoño
Valor nutritivo: 60 kcal/100 g

Propiedades nutritivas

El higo se distingue por un aporte energético elevado, ya que es muy rico en glúcidos (16 g/100 g). Su jugo, dulce y espeso, debe diluirse con agua o con algún cítrico antes de consumirse.

El higo es pobre en vitaminas (sólo 5 mg de vitamina C por 100 g).

En cambio, puede decirse que su concentración mineral es muy alta.

Rico en potasio (antirretención de agua), el higo aporta también calcio, magnesio, hierro y cinc.

Consejos de preparación

Tras lavarlos con agua fría, corte los higos y proceda después a licuarlos.

Es indispensable mezclarlos bien con otros frutos jugosos (naranja, uva o pomelo) para obtener un zumo que no sea demasiado espeso.

También se puede alargar el zumo con agua.

Aportación a la forma y la belleza

El contenido de fibras del higo disminuye tras su paso por la licuadora.

Sin embargo, si se busca un efecto laxante, se pueden batir los higos en lugar de licuarlos. El higo, energético y remineralizante, es una fruta que debe aconsejarse a niños, adolescentes y deportistas.

Las mujeres, cuya alimentación cubre difícilmente los aportes minerales necesarios, pueden consumir zumos de higo con regularidad.

Además, mezclado con naranja, estimula el tránsito intestinal de forma suave pero eficaz.

Ideas para mezclas

Naranja, pomelo, limón, mandarina, uva, melón, ciruela, ciruela pasa, pera, manzana.

Kiwi

Temporada: invierno y verano
Valor nutritivo: 50 kcal/100 g

Propiedades nutritivas

Lo que caracteriza al kiwi es una concentración muy elevada en factores antioxidantes (vitaminas C, E, carotenos y polifenoles). Los antioxidantes son sustancias protectoras que neutralizan los radicales libres y limitan sus efectos nefastos sobre las células (aceleración del envejecimiento, desarrollo de las enfermedades degenerativas). Consumir cada día un kiwi permite aportar al organismo una cantidad regular e importante de factores protectores.

El kiwi no es rico en glúcidos (10 %); su aporte energético se mantiene en la media.

Consejos de preparación

Lave los kiwis con agua y luego córtelos a trocitos antes de pasarlos por la licuadora. Según los resultados que obtenga con su electrodoméstico, puede ser necesario o no pelar los frutos antes de licuarlos. Escoja kiwis cuya pulpa esté tierna: serán dulces y jugosos. Una parte de la pulpa y de las semillas recuperadas en el filtro puede añadirse para aumentar el aporte de fibras.

Aportación a la forma y la belleza

La vitamina C predomina en el kiwi (10 mg/100 g, lo que representa el aporte diario aconsejado para un adulto). El kiwi es una fruta que debe consumirse con regularidad durante el invierno para estar mejor preparado frente a las pequeñas infecciones. La vitamina C contribuye al buen funcionamiento del sistema inmunitario. El kiwi responde a las necesidades de vitamina C de los fumadores, que son mayores, comparadas con las de los no fumadores.

Ideas para mezclas

Naranja, pomelo, mandarina, piña, mango, plátano, manzana, pera, melón, fruta de la pasión, fresa, frambuesa.

Limón

Temporada: todo el año
Valor nutritivo: 25 kcal/100 g

Propiedades nutritivas

El limón, al igual que su zumo, es muy poco calórico: su presencia en un zumo puede ser insignificante desde el punto de vista energético. En cambio, su aporte de vitamina C representa siempre un pequeño «plus»: enriquece los zumos de frutas menos ricos en esta vitamina (manzana, pera o melón).

Al igual que todos los cítricos, es una buena fuente de calcio (indispensable para el metabolismo óseo) y de pigmentos antioxidantes, protegiendo las células del envejecimiento y tiene una acción beneficiosa para los capilares.

El sabor ácido del limón se debe a la presencia, en cantidad elevada, de ácidos orgánicos. Estos últimos, al mezclarse con algunos minerales (el potasio, el calcio y el magnesio), contribuyen a alcalinizar el medio interno, muy beneficioso tras realizar un esfuerzo físico.

Consejos de preparación

El zumo de limón se obtiene con un exprimidor. Para pasarlo por la licuadora, es imperativo escoger un limón no tratado o pelarlo para eliminar los restos de residuos químicos presentes en la piel. El limón se conserva en fresco durante varios días, pero, durante más tiempo, se seca o corre el riesgo de sufrir el ataque de mohos. Es útil para prevenir que otros zumos de frutas se pongan pardos por oxidación en contacto con el aire (melocotón, ciruela, manzana, pera o plátano).

Aportación a la forma y la belleza

El zumo de limón, muy ligero, se integra en todos los regímenes. Su riqueza en vitamina C lo convierte en un alimento muy tónico, y debe tomarse con regularidad.

Ideas para mezclas

Con todas las frutas y todos los vegetales.

Mandarina

Temporada: otoño e invierno
Valor nutritivo: 45 kcal/100 g

Propiedades nutritivas

Con un contenido en vitamina C de 40 mg para 100 g, o sea, la mitad de las necesidades diarias del adulto, la mandarina se impone en invierno como fruta tonificante y estimulante de la resistencia a las infecciones. Menos ácida y menos rica en fibras que los demás cítricos, se tolera mejor en la digestión, ya sea a nivel gástrico o cólico. Su aporte de calcio y de magnesio es interesante para la renovación ósea, y también para el equilibrio neuromuscular.

Además, la mandarina aporta pocas calorías.

Consejos de preparación

La mandarina se pela muy fácilmente; se recomienda mondarla antes de pasarla por la licuadora. Basta abrir la fruta en dos o en cuatro. El zumo de la mandarina puede extraerse con un exprimidor. Dulce y aromática, es práctica para diluir zumos menos fluidos (plátano, piña, ciruelas pasas).

Aportación a la forma y la belleza

El zumo de mandarina permite a las personas que no soportan, a nivel digestivo, los demás zumos de cítricos, beneficiarse de la riqueza en vitamina C de esta fruta sin irritaciones ni molestias digestivas. Apreciado por los niños, el zumo de mandarina sustituye al clásico zumo de naranja del desayuno. Su riqueza en pigmentos protectores de los capilares justifica su consumo en curas, de forma alternativa con otros cítricos.

Ideas para mezclas

Naranja, pomelo, limón, plátano, piña, fruta de la pasión, carambola, mango, pera, manzana, zanahoria, apio, hinojo.

Mango

Temporada: invierno
Valor nutritivo: 60 kcal/100 g

Propiedades nutritivas

El mango se distingue por su riqueza en carotenos: 150 ml de zumo bastan para cubrir las necesidades diarias de esta vitamina para el adulto. Los carotenos tienen dos funciones esenciales en el organismo: precursores de la vitamina A, indispensable para el funcionamiento visual, el crecimiento y el mantenimiento de la piel y las mucosas, tienen además un poder antioxidante muy marcado. Los antioxidantes, al neutralizar los radicales libres, limitan el fenómeno del envejecimiento o del desgaste celular.

El mango también es una buena fuente de vitamina C (100 g cubren la mitad de las necesidades diarias), y en menor medida de vitamina E (también antioxidante).

Consejos de preparación

La calidad del zumo dependerá de la buena elección del mango. Al igual que todas las frutas exóticas, debe cosecharse en su punto, ya que si se recoge demasiado pronto, no alcanza un grado suficiente de madurez. El mango debe ser flexible al tacto (como un melocotón), pero sin chafarse bajo la presión del dedo.

Para realizar el zumo, pele el mango, córtelo a trocitos y licuelo tras quitarle el hueso. El zumo que se obtiene es espeso, y es indispensable añadirle un poco de agua, zumo de naranja o pomelo.

Aportación a la forma y la belleza

El mango es una fruta que debe consumirse con regularidad para favorecer la lucha contra los efectos dañinos de los radicales libres.

Algunas personas están más expuestas: fumadores, habitantes de las ciudades sometidos a la contaminación atmosférica, personas con enfermedades crónicas o que se han expuesto de forma prolongada al sol, etc.

La provitamina A es indispensable para el trofismo de la piel: favorece la renovación celular y la cicatrización.

Ideas para mezclas

Naranja, mandarina, pomelo, albaricoque, melocotón, plátano, piña, fruta de la pasión, carambola, fresa, frambuesa, pera, ciruela, ciruela pasa, manzana, uva.

Manzana

Temporada: verano, otoño e invierno

Valor nutritivo: 55 kcal/100 g

Propiedades nutritivas

La manzana, al igual que la pera, es una fruta bien equilibrada, que presenta un amplio abanico mineral y vitamínico.

Su aporte energético se sitúa en la media de las frutas, al igual que su aporte glucídico (12 %). Los azúcares contenidos en la manzana están representados por la fructosa, un glúcido cuya energía se libera progresivamente en el organismo.

La manzana contiene sorbitol, un azúcar-alcohol que estimula el tránsito intestinal y cuyo zumo es bastante rico; lo que explica el efecto laxante pero no irritante del zumo de manzana. Por último, la presencia de potasio favorece la eliminación de agua y sodio; el zumo de manzana es por ello un excelente diurético natural.

Consejos de preparación

Tras lavar las manzanas con agua fresca, córtelas a cuartos y quíteles el corazón. Pase los cuartos por la licuadora y añada algunas gotas de zumo de limón para evitar que el zumo se vuelva pardo.

La elección de las manzanas depende de sus dominantes, ácido o dulce, y de sus propios gustos. Las manzanas aciduladas (Granny, Elstar) dan zumos más refrescantes; las demás (Reineta, Golden, Melrose) son más dulces y apreciadas por los niños. Lo ideal es mezclar distintas variedades para obtener zumos bien equilibrados.

Aportación a la forma y la belleza

El efecto *cortahambre* de la manzana consumida entera no está tan marcado con su zumo, ya que el contenido de fibras disminuye. En cambio, el zumo de manzana conserva las propiedades diuréticas y rehidratantes. Bien tolerado por el sistema gástrico, estimula el tránsito intestinal sin ser irritante.

Ideas para mezclas

Naranja, pomelo, mandarina, ciruela pasa, uva, albaricoque, melocotón, piña, fresa, frambuesa, grosella, fruta de la pasión, melón, plátano, pera, zanahoria, col, pepino, rábano.

Melocotón
Temporada: verano
Valor nutritivo: 40 kcal/100 g

Propiedades nutritivas

Gracias a su moderada proporción de glúcidos (9 %), el melocotón no tiene un aporte energético elevado: sólo 40 kcal/100 g. Puede consumirse con regularidad, sin riesgo para la línea. Su contenido de vitamina C es débil, y mezclado con naranja permite obtener un zumo más concentrado en ácido ascórbico. Los melocotones amarillos son más ricos en provitamina A que los blancos; se aconseja alternar su consumo para equilibrar el aporte de nutrientes antioxidantes.

En el plano mineral, como en la mayoría de frutas, predomina el potasio (200 mg), pero es preciso notar la presencia de muchos oligoelementos (selenio, cinc, hierro, manganeso), que contribuyen a una buena mineralización del organismo.

Consejos de preparación

Lave los melocotones con agua fresca y luego córtelos a cuartos y quíteles el hueso. Licue la pulpa y tome el zumo rápidamente, sobre todo si es de melocotón blanco, que se oscurece con rapidez. El zumo también puede mezclarse con una parte de los melocotones (pelados), lo que le da untuosidad a la mezcla.

El aroma del melocotón es bastante discreto, y por ello es preciso, para confeccionar el zumo, escoger los más dulces y maduros. En el caso contrario, el zumo será insípido.

Aportación a la forma y la belleza

Es preferible tomar zumo de melocotón, debido a su riqueza en nutrientes protectores, en verano, ya que la exposición al sol, incluso si no es exagerada, genera una sobreproducción de radicales libres que favorece el envejecimiento celular.

Ideas para mezclas

Albaricoque, naranja, pomelo, piña, fresa, frambuesa, grosella, fruta de la pasión, melón, sandía, pera, zanahoria.

Melón

Temporada: verano y otoño
Valor nutritivo: 50 kcal/100 g

Propiedades nutritivas

El melón, muy rico en agua, es muy poco energético; se puede consumir con regularidad durante la temporada de producción, que es muy corta. Contiene sólo del 10 al 12 % de glúcidos, incluso menos, lo que es bastante poco.

Su principal interés nutritivo es su riqueza en carotenos, precursores de la vitamina A (crecimiento, visión) y antioxidantes.

Su aporte de vitamina C es secundario (25 mg/100 g). Es rico en potasio (300 mg/100 g), y ejerce una acción diurética marcada al favorecer la eliminación de agua y sodio por los riñones. Su riqueza en azufre puede explicar que provoque dificultades digestivas. Para mejorar su tolerancia, basta con consumirlo en pequeñas cantidades, asociándolo a otras frutas o vegetales.

Consejos de preparación

Lave el melón con agua, ya que puede estar manchado de tierra; luego pélelo, quítele las pepitas y córtelo a trocitos. Lícuelo o bátalo.

Aportación a la forma y la belleza

Bajo en calorías y bien provisto de vitaminas y sales minerales, el melón se integra en los regímenes adelgazantes. Su riqueza en carotenos lo hace aconsejable para las mujeres (belleza de la piel), pero también para niños y adolescentes (crecimiento). Su acción diurética, asociada a un efecto laxante suave, lo convierte en un buen depurativo.

Ideas para mezclas

Naranja, pomelo, frambuesa, fresa, plátano, albaricoque, melocotón, mango, piña, cereza, sandía, pepino, zanahoria.

Mora

Temporada: verano y otoño
Valor nutritivo: 55 kcal/100 g

Propiedades nutritivas

La mora es una fruta pequeña rica en pigmentos vegetales, participa en la lucha contra los radicales libres, y protege el sistema vascular.

En cuanto al contenido de vitamina C, 100 ml de zumo cubren un tercio de las necesidades de esta vitamina. Su aporte de hierro es muy elevado respecto a otras frutas: 2 mg/100 g.

Contiene vitamina B_9 en proporción bastante elevada, vitamina que participa, junto con el hierro, en la síntesis de los glóbulos rojos.

El aporte de fibras de la mora disminuye cuando se consume como zumo, pero se puede añadir una parte de la pulpa y de las semillas para completarlo.

Consejos de preparación

Lave las moras con un chorro de agua fresca (suave, para no chafarlas), ya que pueden estar manchadas por pájaros o insectos. Séquelas y licuelas. Puede recuperar una parte de la pulpa y de las semillas que han quedado en el filtro para enriquecer el zumo en fibras.

Las moras salvajes (zarzas) tienen más sabor que las cultivadas, pero estas últimas tienen un calibre superior y más zumo.

Aportación a la forma y la belleza

Remineralizante y antianémica, la mora complementa una alimentación equilibrada, incluso si el consumo de esta fruta es muy puntual.

Su riqueza en taninos tiene un efecto reequilibrante en el tránsito intestinal: disminuye la velocidad de este en caso de sufrir diarrea.

Ideas para mezclas

Frambuesa, fresa, cereza, manzana, pera, naranja, pomelo, mandarina, arándano, casis, uva, plátano, piña.

Naranja
Temporada: otoño e invierno
Valor nutritivo: 45 kcal/ 100 g

Propiedades nutritivas

La naranja es muy conocida por su contenido de vitamina C: aporta 50 mg/100 g de vitamina C, lo que representa casi la mitad de las necesidades diarias. Está disponible todo el invierno a un precio asequible; es una fruta fácil de consumir (en zumo), y cubre las necesidades diarias.

El efecto protector de la vitamina C está potenciado en la naranja, gracias a la presencia de citroflavonoides, pigmentos que refuerzan su acción protectora.

El contenido de calcio de la naranja es elevado (40 mg/100 g), y eso la convierte en una fruta bien adaptada a los niños, personas mayores y mujeres embarazadas, cuyas necesidades son elevadas.

Consejos de preparación

El zumo de naranja puede prepararse con la ayuda de un exprimidor o de una licuadora. Si la piel no se elimina antes de preparar el zumo, es preciso utilizar naranjas no tratadas tras su cosecha y lavarlas bien para limitar la presencia de residuos químicos. Las naranjas sanguinas dan zumos muy coloreados, lo que permite variar la presentación de los mismos.

Una vez exprimido, el zumo se oxida muy rápido, y pierde en algunas horas toda su vitamina C. Será preciso consumirlo lo más rápido posible.

Aportación a la forma y la belleza

Tónico y poco energético, el zumo de naranja tiene muchas propiedades y es famoso en todo el mundo. Se puede, para variar, mezclar la naranja con otras frutas más ricas en carotenos, como el mango o la fruta de la pasión.

Ideas para mezclas

Pomelo, mandarina, kiwi, mango, piña, carambola, manzana, pera, fruta de la pasión, zanahoria, col, pepino.

Nuez de coco

Temporada: todo el año
Valor nutritivo: • 23 kcal/ 100 g de zumo (agua de la nuez)
                     • 210 kcal/100 g de leche (pulpa triturada)

Propiedades nutritivas

La nuez de coco es muy diferente de las frutas frescas, ya que contiene lípidos (materias grasas). Su aporte energético varía según la parte que se utilice para realizar los zumos. El agua contenida en el centro de la nuez aporta sólo 23 kcal/100 ml. Prácticamente desprovisto de grasa, este líquido translúcido contiene una pequeña fracción glucídica. La leche de coco que se encuentra en las tiendas (en conserva), o que se hace en casa licuando la pulpa, es mucho más energética y contiene materias grasas.

En ambos casos, se trata de un ingrediente que se añade a los zumos para aromatizar.

Consejos de preparación

El agua presente en la nuez es muy fácil de recoger: basta con agujerearla o cortarla en dos. Filtre este zumo para eliminar las impurezas. Cuanto más fresca sea la nuez, más abundante y sabroso será el zumo.

La leche de coco se obtiene licuando la pulpa fresca. Es necesario juntarla con otra fruta más acuosa, como la naranja o el pomelo.

Aportación a la forma y la belleza

La pulpa de la nuez de coco enriquece los cócteles energéticamente, debido a su contenido de lípidos, lo que puede aumentar el aporte nutritivo de una mezcla. Su concentración mineral (hierro, potasio, magnesio, cinc) constituye un buen complemento nutritivo.

Ideas para mezclas

Todas las frutas exóticas y los cítricos.

Papaya

Temporada: invierno
Valor nutritivo: 35 kcal/100 g

Propiedades nutritivas

La papaya, fruta tropical poco corriente en nuestros mercados, tiene un gran valor nutritivo: muy rica en vitamina C (64 mg/100 g), contiene también carotenos cuando su piel está bien coloreada (anaranjada o roja).

Su aporte energético es moderado, ya que su índice de glúcidos no alcanza el 8 %. Por consiguiente, se puede consumir la papaya con regularidad.

Su elevado contenido de potasio (210 mg/100 g), junto con un buen aporte de agua y débil de sodio, le confiere un efecto diurético y favorece la lucha contra la retención de agua dentro del organismo.

Consejos de preparación

Escoja papayas maduras, con la carne tierna y bien coloreada. Antes de su madurez completa, se consumen ralladas como un vegetal, y no como fruta.

Tras pelarlas, corte las papayas a trocitos y luego páselas por la licuadora. El zumo obtenido es espeso (cuando la fruta está madura), y es preferible mezclarlo con un cítrico, más fluido.

Aportación a la forma y la belleza

Además de su perfil vitamínico particular, la papaya contiene enzimas específicas, agrupadas bajo el nombre de *papaína*, que facilitan la digestión de las proteínas. Al igual que la piña (que contiene bromelina), la papaya facilita la digestión de una comida rica en proteínas, es decir, en carne, pescado o queso.

Ideas para mezclas

Pomelo, mandarina, naranja, kiwi, fresa, frambuesa, mango, piña, carambola, manzana, pera, fruta de la pasión, plátano.

Pera

Temporada: verano, otoño, invierno
Valor nutritivo: 50 kcal/100 g

Propiedades nutritivas

La pera es una fruta muy equilibrada, en la que no predomina ningún componente nutritivo: un aporte moderado de glúcidos (12 %), un valor energético también moderado (50 kcal/100 g). Ninguna vitamina está presente en cantidad muy importante, y sucede lo mismo con las sales minerales. En cambio, la variedad de sustancias es muy amplia, y esta es una de las ventajas de la pera: de todo... ¡un poco! Bien tolerada por el sistema digestivo cuando está madura, es poco ácida y bien aceptada por los niños.

Consejos de preparación

Lave las peras, luego córtelas y quíteles el centro y las pepitas. Licue las frutas y añada algunas gotas de limón, ya que el zumo de pera se oxida muy rápidamente. Este zumo, espeso, debe ser diluido con un poco de agua o con un zumo más líquido.

Aportación a la forma y la belleza

Con la pera, ¡equilibrio y moderación en el menú! El zumo de pera es uno de los zumos mejor tolerados a nivel digestivo: no conlleva ni acidez ni aceleración del tránsito intestinal. Se aconseja a las personas sensibles: niños, personas mayores y embarazadas.

Ideas para mezclas

Albaricoque, naranja, pomelo, piña, fresa, frambuesa, grosella, fruta de la pasión, melón, mora, sandía, pera, zanahoria.

Piña

Temporada: invierno
Valor nutritivo: 52 kcal/100 g

Propiedades nutritivas

La piña es una fruta medianamente rica en glúcidos (12 %), lo que explica su aporte energético, un poco más elevado que para otras frutas.

Un gran vaso de zumo de piña aporta 125 kcal; no abuse si sigue un régimen hipoenergético. En cambio, es un zumo de fruta que se adapta muy bien para adolescentes, deportistas y las persona mayores, cuyas necesidades energéticas son a veces difíciles de cubrir.

Su índice de vitamina C es elevado (18 mg/100 g), lo que representa un cuarto de las necesidades de un día, así como su aporte de ácido fólico (vitamina B_9), indispensable para la síntesis de los glóbulos rojos.

Además, cuanto más coloreada esté la pulpa de la piña, más carotenos protectores contiene. Su abanico mineral es muy amplio: predomina el potasio, cuyos efectos diuréticos limitan la retención de agua.

Consejos de preparación

El zumo de piña es muy simple de obtener: basta con pelar la piña y cortarla a cubos, y luego pasarlos por la licuadora (no es necesario desechar la parte fibrosa central).

Aportación a la forma y la belleza

La piña contiene una enzima capaz de hidrolizar las proteínas: la bromelina.

El zumo de piña facilita la digestión de los alimentos ricos en proteínas: carne, pescado, huevos y queso. Provisto de gran cantidad de vitaminas y sales minerales, contribuye de manera muy eficaz a cubrir nuestras necesidades diarias de micronutrientes.

Ideas para mezclas

Naranja, pomelo, mandarina, plátano, nuez de coco, mango, papaya, fresa, fruta de la pasión, zanahoria, col, apio.

Plátano

Temporada: todo el año

Valor nutritivo: 110 kcal/100 g

Propiedades nutritivas

El plátano es una de las frutas más ricas en calorías, ya que contiene una gran cantidad de glúcidos. Es pues muy práctica para enriquecer los zumos de cítricos, que son mucho menos calóricos.

Las mezclas, aterciopeladas y dulces, son apreciadas por los niños y adaptadas a las necesidades de los deportistas, antes o después del esfuerzo físico, para reconstituir las reservas de glucógeno muscular.

El plátano no es muy rico en vitaminas (sólo 10 mg/100 g de vitamina C), pero es interesante desde el punto de vista mineral: aporta sobre todo potasio (equilibrio hidrosodado) y magnesio (relajante neuromuscular) en cantidad elevada.

Consejos de preparación

El plátano es poco jugoso: cuando lo pasamos por la licuadora, da una pulpa espesa y pastosa. Es indispensable mezclarlo con otras frutas más acuosas.

Una manera fácil de utilizar el plátano es prever la misma cantidad de naranja o de pomelo y pasarlos juntos por la licuadora. El plátano puede mezclarse y añadirse al zumo de cualquier fruta.

Aportación a la forma y la belleza

El plátano aporta un complemento energético que puede ser bienvenido para todos aquellos que carecen de apetito. Disminuye el tránsito intestinal y será pues conveniente en caso de perturbación de este o para personas sensibles; asócielo, en ese caso, a la manzana o a la pera, alargando el zumo con un poco de agua.

Ideas para mezclas

Naranja, pomelo, mandarina, carambola, piña, nuez de coco, mango, papaya, fresa, fruta de la pasión, melocotón, nectarina, zanahoria, apio, tomate, hinojo.

Pomelo

Temporada: todo el año
Valor nutritivo: 40 kcal/100 g

Propiedades nutritivas

Muy ligero y con muchas vitaminas, el pomelo es un precioso aliado en los regímenes adelgazantes. Disponible durante todo el año, contribuye a cubrir las necesidades de vitamina C durante toda la temporada; contiene 37 mg/100 g, o sea, más del tercio de las necesidades diarias de un adulto. Como con la naranja, el efecto del ácido ascórbico está reforzado por la presencia de citroflavonoides, pigmentos vegetales protectores.

Muy dotado de ácidos orgánicos, contribuye a mantener un buen equilibrio ácido-básico en el organismo. Esas sustancias favorecen la biodisponibilidad del calcio, que contiene a razón de 20 mg/100 g.

Consejos de preparación

Los pomelos están a menudo tratados, en la piel, contra el desarrollo de mohos, que suelen perjudicar gravemente las características y propiedades del fruto. En ese caso, es obligatorio quitar la piel de la fruta antes de licuarla, para evitar el consumo de residuos químicos. El zumo de pomelo podrá, como el de naranja o limón, obtenerse con la ayuda de un simple exprimidor, eléctrico o manual.

Aportación a la forma y la belleza

Es un zumo que debe consumir sin reservas si presta atención a su línea. Su riqueza en vitaminas completa este tipo de régimen, evitando así el cansancio que provoca a veces. Los estómagos sensibles podrán mezclar con agua el zumo de pomelo y mezclarlo con frutas menos ácidas (manzana, pera, etc.).

Ideas para mezclas

Mandarina, naranja, kiwi, fresa, frambuesa, mango, piña, carambola, manzana, plátano, fruta de la pasión, zanahoria, col, pepino, rábano.

Ruibarbo

Temporada: primavera y otoño
Valor nutritivo: 10 kcal/100 g

Propiedades nutritivas

La acidez del ruibarbo se debe a un muy elevado contenido de ácidos orgánicos. El ácido oxálico, que predomina, lo hace desaconsejable a las personas con tendencia a cálculos renales, ya que, en algunos casos, favorece su desarrollo.

Poco azucarado (sólo 1 % de glúcidos), es acalórico: su aporte energético es insignificante y puede ser consumido a voluntad.

Rico en calcio (86 mg/100 g), puede contribuir a cubrir las necesidades de este elemento, indispensable para el metabolismo óseo.

Su aporte vitamínico se distingue sobre todo por un aporte de carotenos y vitamina C (12 mg/100 g).

Consejos de preparación

Limpie los tallos de ruibarbo y córtelos a trocitos. Licuelos y añada unas gotas de limón para evitar que el zumo se ponga pardusco.

Aportación a la forma y la belleza

El zumo de ruibarbo, muy ácido, sólo puede consumirse con agua y endulzado con un poco de azúcar o miel. Lo ideal es mezclarlo con otras frutas para realzar su sabor.

Ideas para mezclas

El ruibarbo es ideal para los regímenes restrictivos por su débil aporte de azúcar. Su contenido de calcio, hierro y magnesio lo convierten en un alimento remineralizante y diurético (riqueza en potasio). Pero su acidez es muy mal tolerada por los estómagos sensibles.

Sandía

Temporada: verano
Valor nutritivo: 30 kcal/100 g

Propiedades nutritivas

El aporte energético de la sandía es tan moderado que, desde el punto de vista nutritivo, se acerca más a las verduras que a las frutas.

Se puede consumir a voluntad, ya que el agua es muy abundante en su constitución (92 %), y aporta un largo abanico de sales minerales y vitaminas, en particular vitamina C y, sobre todo, provitamina A. Muy acuosa, se presta a la preparación de zumos: hará más fluidos los zumos espesos (albaricoque o pera).

Consejos de preparación

Escoja sobre todo una fruta muy madura y dulce. Una sandía que no esté bastante madura no es muy agradable de comer, pero, transformada en zumo, sabe como el pepino.

Quite la piel de la sandía y corte la pulpa en cubos (no es necesario eliminar las pepitas), y luego lícuela.

Aportación a la forma y la belleza

Se trata de una fruta que puede consumirse durante todo el verano, ya que es poco calórica, pero muy refrescante. Contribuye a cubrir las necesidades de agua del organismo, estimadas en 2,5 l al día, cantidad que incluye bebidas y alimentos.

Ideas para mezclas

Albaricoque, melocotón, kiwi, fresa, frambuesa, mango, piña, carambola, manzana, pera, pomelo, mandarina, naranja, fruta de la pasión, plátano, zanahoria, pepino, rábano, hinojo, apio, tomate.

Uva
Temporada: otoño e invierno
Valor nutritivo: 70 kcal/100 g

Propiedades nutritivas

La uva es una de las frutas más energéticas, ya que contiene una proporción glucídica elevada (16 %). Su consumo debe restringirse en caso de régimen, aunque no está prohibido. En cambio, está indicado para los deportistas, los adolescentes y todas las personas que tienen poco apetito.

Rica en pigmentos antocianínicos, la uva negra ejerce un efecto protector bien demostrado sobre el sistema vascular (como el vino).

En cambio, su aporte vitamínico no es muy elevado, sobre todo en vitamina C (4 mg/100 g).

Su efecto laxante se debe a las fibras contenidas en la piel y las pepitas (eliminadas en el zumo), así como a otras sustancias. Por sus propiedades diuréticas, se aconseja para estimular el funcionamiento de los riñones.

Consejos de preparación

Lave la uva con agua fresca para eliminar el polvo y los residuos de sulfato de cobre.

La película blanquecina (polvillo) de las bayas es una señal del frescor y no de contaminación exterior. Desgrane los racimos, y luego pase las bayas por la licuadora. La piel y las semillas se quedarán en el filtro. Utilice uva blanca, negra o ambas mezcladas.

Aportación a la forma y la belleza

La cura de uva, al favorecer la eliminación renal e intestinal, limpia el organismo. Su riqueza en potasio, asociada a un débil aporte de sodio, permite luchar con eficacia contra la tendencia a los edemas y a la retención hidrosodada.

Ideas para mezclas

Manzana, naranja, mandarina, pomelo, ciruela, ciruela pasa, pera, melocotón, zanahoria.

Las hortalizas

Ajo

Temporada: primavera y otoño
Valor nutritivo: 135 kcal/100 g

Propiedades nutritivas

A veces el ajo se presenta como una panacea: es cierto que este pequeño bulbo tiene propiedades beneficiosas para la salud. Contiene derivados ricos en azufre, cuyos efectos antisépticos, fluidificantes de la sangre e hipotensores se conocen cada vez mejor.

El ajo tiene una gran cantidad de vitaminas (C), y su concentración mineral es de las más elevadas.

Consejos de preparación

El ajo, a causa de su pronunciadísimo sabor, sólo puede utilizarse en los zumos como un aderezo. Se mezcla con otros vegetales: pepino, zanahoria, hinojo…

Escoja el ajo de primavera, menos fuerte y más rico en agua, y más indicado para este tipo de preparados que el ajo conservado. Tras pelar los dientes, lícuelos con los demás vegetales o bien aplaste los dientes del ajo para extraer todo su jugo.

Aportación a la forma y la belleza

El ajo es el bulbo de la longevidad: su acción protectora del sistema cardiovascular explica esta fama... Lo que sucede es que el ajo, para los estómagos sensibles, es muy irritante; en ese caso deberá añadirse en muy pequeñas cantidades en los zumos. Lo importante es la regularidad del consumo más que la cantidad.

Ideas para mezclas

Con todas las verduras.

Alcachofa

Temporada: primavera, verano y otoño
Valor nutritivo: 40 kcal/100 g

Propiedades nutritivas

Aunque se consume cocida, la alcachofa se presta a la confección de zumos frescos. Con fama de estimular el funcionamiento hepático, gracias a la presencia de cinarina, la alcachofa ejerce un efecto laxante (presencia de inulina, un glúcido con efecto resistente a los jugos gástricos durante la digestión).

La alcachofa no es rica en vitaminas; en cambio, su concentración mineral es excepcional; se aconseja este vegetal a todas las personas cuyas necesidades minerales son elevadas: mujeres, deportistas y ancianos.

Consejos de preparación

Para realizar los zumos, se utiliza el fondo carnoso de la alcachofa. El zumo obtenido tiene un sabor fuerte y más o menos amargo. Debe mezclarse con otros vegetales más suaves: zanahoria, pepino, tomate.

Es preciso añadir zumo de limón para evitar que la pulpa de la alcachofa se oxide, puesto que se convertiría en inconsumible.

Aportación a la forma y la belleza

Sus propiedades depurativas renales e intestinales hacen de la alcachofa un vegetal aconsejado en caso de ligero disfuncionamiento digestivo (sobre todo vesicular) y de tendencia a la retención de agua. Se consumirá sola, diluida con agua y limón, o junto con otros vegetales, antes de cada comida, durante una o dos semanas.

Ideas para mezclas

Tomate, zanahoria, pepino, apio, hinojo, rábano, pomelo, limón.

Apio

Temporada: otoño e invierno
Valor nutritivo: 20 kcal/100 g

Propiedades nutritivas

Se utiliza en zumos con apionabo o apio de tallo. Las dos partes de la planta tienen las mismas características nutritivas. El apio se distingue por una densidad mineral muy elevada: es un vegetal rico en potasio, en sodio (lo que es bastante raro en los vegetales frescos), en calcio, en magnesio, en hierro y en oligoelementos variados. Su aporte de vitaminas, variadas, sigue siendo moderado. Su riqueza en sodio lo hace desaconsejable para las personas que siguen un régimen sin sal.

Consejos de preparación

• Apionabo: pele el bulbo y lávelo con agua. Lícuelo tras cortarlo en cubos. Añada limón para evitar que adquiera una tonalidad pardusca.
   • Apio de tallos: lave el apio con agua fresca y córtelo a trocitos; luego lícuelo.

Aportación a la forma y la belleza

Remineralizante, el apio es un vegetal excelente, que debe consumirse con regularidad para aprovechar su beneficios y completar la alimentación. Su sabor es muy particular y, debido a la presencia de sustancias aromáticas específicas, estimula las funciones digestivas y abre el apetito.

Ideas para mezclas

Tomate, zanahoria, pepino, hinojo, naranja, pera, pomelo, manzana.

Calabaza

Temporada: otoño e invierno
Valor nutritivo: 20 kcal/100 g

Propiedades nutritivas

Su color indica la presencia de pigmentos: el betacaroteno, potente antioxidante, está en efecto presente en gran cantidad; 100 g de calabaza cubren más de la mitad de las necesidades diarias del adulto de esta vitamina.
   Las demás vitaminas, muy variadas, están presentes, pero en muy poca cantidad (vitaminas E, C y B).

En cambio, el índice de potasio es elevado (323 mg/100 g), lo que confiere a esta verdura un importante efecto diurético. Calcio, potasio, cinc y magnesio también están presentes.

Consejos de preparación

La calabaza, que no se consume cruda, debe escogerse joven y poco fibrosa. Tras pelarla, retire las semillas y pase la pulpa por la licuadora. El zumo espeso, con un sabor particular, gana al ser diluido con un poco de agua y mezclado con otros vegetales para suavizarlo. La zanahoria casa muy bien con la calabaza.

Aportación a la forma y la belleza

La temporada de la calabaza es bastante corta. Es preciso aprovecharla para adquirir reservas de carotenos, sustancias con propiedades protectoras reconocidas hoy día. Su efecto beneficioso sobre la piel y las mucosas la convierten en una verdura muy beneficiosa para las mujeres.

Ideas para mezclas

Zanahoria, apio, tomate, hinojo, pepino, manzana, pera.

Cebolla y chalote

Temporada: primavera, verano y otoño
Valor nutritivo: 35 y 60 kcal/100 g

Propiedades nutritivas

Se trata de dos bulbos cuya composición es muy similar. El chalote, más rico en glúcidos, tiene una aporte energético superior.

La característica principal de esos dos vegetales es la presencia de compuestos ricos en azufre: le confieren su sabor particular, pero también propiedades terapéuticas específicas. Esas sustancias tienen efectos beneficiosos para la protección vascular al fluidificar la sangre, y evitan la formación de piedras.

Consumidas frescas, en primavera, el chalote y la cebolla son buenas fuentes de vitamina C, mientras que en invierno, tras varios meses de conservación, su contenido disminuye. Bien provistas de sales minerales y oligoelementos, participan en la buena mineralización del organismo.

Consejos de preparación

Los bulbos de primavera están mejor adaptados a los zumos, ya que su sabor es más suave y su carne más jugosa. Pélelos, páselos por agua, córtelos y licúelos. Puede utilizar los tallos tras cortarlos a trozos.

Los zumos de cebolla y chalote, con un sabor muy pronunciado, deben mezclarse con otros más suaves, o agregarles agua y limón.

Aportación a la forma y la belleza

El efecto bacteriostático de la cebolla y del chalote puede ser un coadyuvante para el tratamiento de pequeñas infecciones (urinarias y pulmonares). Su efecto benéfico en el sistema cardiovascular los hace imprescindibles a partir de la madurez, en la que aumenta el riesgo cardiovascular.

Diuréticos y estimulantes del tránsito intestinal, son muy buenos depurativos.

Ideas para mezclas

Con todas las verduras.

Col

Temporada: otoño, invierno y primavera
Valor nutritivo: 25 kcal/100 g

Propiedades nutritivas

Rica en vitamina C (60 mg/100 g), la col es una excelente fuente de minerales: calcio, potasio, magnesio… Su fuerte sabor se debe a la presencia de sustancias ricas en azufre, cuyos efectos protectores respecto al desarrollo de algunos cánceres están bien estudiados. Esas sustancias, bien preservadas en los zumos, la convierten en algo indigesta: deberá diluirse con otras verduras.

Muy poco calórica, la col se integra en los regímenes hipoenergéticos. Las coles bien coloreadas (verdes o rojas) contienen además pigmentos protectores: carotenos y antocianos violeta en la col roja.

Consejos de preparación

Lave la col, cortada en dos o en cuatro, con agua. Córtela luego en tiras y pásela por la licuadora. Añada limón para evitar que se oxide. Se pueden utilizar las variedades blancas, verdes o rojas. Lo importante es escoger una col bien fresca, cuyo sabor sea más delicado.

Aportación a la forma y la belleza

La col es una mina de minerales y de vitaminas, cuyos efectos se ven aumentados gracias a la presencia de compuestos del azufre. ¡Además es un vegetal muy sano! Sus fibras, de las que una parte, las menos agresivas, está presente en los zumos, tienen un efecto estimulante sobre el tránsito intestinal. Los estómagos frágiles deberán consumirla en pequeñas cantidades, mezclándola con zanahoria.

Ideas para mezclas

Zanahoria, limón, pomelo, pepino, hinojo, ajo, cebolla.

Espinacas

Temporada: primavera, verano y otoño
Valor nutritivo: 20 kcal/100 g

Propiedades nutritivas

Las espinacas contienen una concentración elevada de micronutrientes, con lo que se prestan a la confección de zumos, sobre todo mezcladas con otros vegetales.

Es una de las verduras más ricas en calcio (104 mg/100 g, es decir, casi tanto como la leche), en potasio (529 mg/100 g), en magnesio (59 mg/100 g)… Su contenido de carotenos es tal que basta con 100 g de espinacas para cubrir las necesidades de un día. Incluso utilizadas en muy pequeñas cantidades, las espinacas son un complemento nutritivo de gran calidad. Su aporte energético sigue siendo muy modesto (20 kcal/100 g) y no plantea inconvenientes para los que controlan el aporte energético.

Consejos de preparación

Sólo los pequeños brotes tiernos pueden utilizarse para el zumo. Lávelos muy rápido con agua corriente y licúelos. Diluya el zumo obtenido (que es muy oscuro) y añada zumo de limón. Mézclelo con otros vegetales.

Aportación a la forma y la belleza

Su riqueza en carotenos hace aconsejables las espinacas en la lucha contra la contaminación o los perjuicios del sol. Remineralizantes, responden a las necesidades de las mujeres, en particular, a las que siguen un régimen adelgazante o que están en periodo de menopausia.

Las espinacas, ricas en nitratos (ya sea de cultivo biológico o no) no se aconsejan durante la gestación, el periodo de lactancia y en niños de corta edad.

Ideas para mezclas

Zanahoria, hinojo, apio, pepino, limón, ensalada, ajo, cebolla.

Hierbas aromáticas: albahaca, perifollo, cebolleta, menta, perejil
Temporada: todo el año
Valor nutritivo: 30 kcal/100 g

Propiedades nutritivas

Las hierbas aromáticas, incluso si se consumen en pequeñas cantidades, son complementos de la vitamina C, carotenos y vitamina B_9. Como su concentración es muy elevada en esas sustancias, tienen un papel en el equilibrio alimentario, con la condición de ser consumidas regularmente. Su aporte mineral es bastante elevado (potasio, calcio, hierro y oligoelementos), y algunas contienen sustancias específicas, derivados azufrados de la cebolleta, por ejemplo.

Muy poco energéticas, no se tienen en cuenta en la ración calórica.

Consejos de preparación

Es necesario lavar las hierbas para eliminar los restos de tierra y de polvo. Córtelas y luego licúelas con otras verduras. También se pueden cortar finamente tras lavarlas y mezclarlas con los distintos zumos de vegetales o frutas. Así nos beneficiamos de toda su riqueza nutritiva.

Aportación a la forma y la belleza

Pequeños complementos que deben consumirse sin restricción: casi sin calorías, son ricos en micronutrientes. Su elevado contenido de antioxidantes favorece la lucha contra los radicales libres, y la presencia de hierro, vitamina C y ácido fólico constituye una buena sinergia antianémica.

Ideas para mezclas

Con todas las verduras.
    Menta: verduras y ciertas frutas (naranja, piña, mango, fresa).

Hinojo

Temporada: otoño
Valor nutritivo: 25 kcal/100 g

Propiedades nutritivas

Este bulbo de sabor original es una excelente fuente de vitamina C antioxidante e indispensable en muchas reacciones bioquímicas del organismo.
    El hinojo aporta 50 mg/100 g de vitamina C, que estarán presentes en el zumo en la medida en que se consuma inmediatamente después de ser extraído.
    El ácido ascórbico es en efecto muy frágil y se destruye en contacto con el oxígeno del aire. Con una alta concentración de carotenos, el hinojo contiene también una fracción elevada de

vitamina E, presente en los vegetales frescos, pero en escasa cantidad. El hinojo aporta minerales (calcio, potasio, magnesio), sobre todo hierro.

Consejos de preparación

Escoja bulbos muy frescos, no marchitos y sin manchas. Lávelos con agua y luego córtelos y licúelos. Las hojas externas, a menudo fibrosas, pueden eliminarse y utilizarse sólo la parte central, más tierna y jugosa.

Aportación a la forma y la belleza

El hinojo, muy consumido en el sur de Europa, ganaría si se comercializara más al norte. Es rico en micronutrientes protectores, de los que carece nuestra alimentación moderna. Remineralizante y tonificante, se desaconseja en los regímenes sin sal, ya que su contenido de sodio alcanza los 86 mg/100 g.

Ideas para mezclas

Zanahoria, apio, hinojo, hierbas frescas, tomate, pepino.
   Hierbas frescas: menta, cebolleta, perejil, albahaca, perifollo.

Pepino
Temporada: primavera, verano y otoño
Valor nutritivo: 10 kcal/100 g

Propiedades nutritivas

Es uno de los vegetales más ligeros (10 kcal/100 g), muy práctico para realizar zumos, gracias a su elevado contenido de agua.

Pero el pepino no sólo contiene agua... También tiene muchas vitaminas y sales minerales y contribuye a cubrir nuestras necesidades de micronutrientes. Se puede consumir a voluntad: es indispensable para diluir algunos zumos más espesos o cuyo sabor es demasiado pronunciado (alcachofa, ajo...).

Consejos de preparación

Lave el pepino y córtelo a trocitos. Páselo por la licuadora sin pelar. Sírvalo muy frío, mezclado con otros vegetales. Escoja un pepino joven y muy fresco (sin podredumbre), ya que el zumo puede adquirir un sabor demasiado fuerte.

Aportación a la forma y la belleza

Diurético y ligero, el pepino es un aliado insustituible de los regímenes adelgazantes. Si su aporte calórico es insignificante, el mineral y vitamínico lo convierte en un buen complemento de esos regímenes.

Ideas para mezclas

Zanahoria, ajo, cebolla, rábano, tomate, hinojo, naranja, pomelo.

Pimiento

Temporada: verano y otoño
Valor nutritivo: 20 kcal/100 g

Propiedades nutritivas

Bajo en calorías, el pimiento es uno de los vegetales más ricos en vitamina C. Basta con consumir 80 g para cubrir las necesidades de un día. Recuerde que es necesario, cuando se extrae su zumo, consumirlo sin esperar puesto que la vitamina C que contiene, sensible al contacto con el oxígeno del aire, se destruye rápidamente.

El contenido de carotenos depende de su color: los rojos contienen más que los verdes. Se pueden mezclar los pimientos rojos y verdes o alternar su consumo, ya que su sabor no es el mismo.

El aporte mineral es secundario (en comparación con las vitaminas); al igual que en todos los vegetales frescos, el potasio predomina, lo que favorece una buena eliminación del agua y del sodio del organismo.

Consejos de preparación

Lave los pimientos enteros. Córtelos a trocitos, quite las semillas y pase la pulpa por la licuadora. La fina película que envuelve a los pimientos permanece en el filtro, lo que mejora su digestibilidad.

Este zumo no se suele consumir solo (su sabor es muy pronunciado), sino que se mezcla con otros vegetales (como el tomate).

Para extraer una buena cantidad de zumo, escoja pimientos jóvenes y muy carnosos.

Aportación a la forma y la belleza

El pimiento es un vegetal tónico, que se aconseja a personas con necesidades elevadas de vitamina C: fumadores y quienes vivan en un ambiente contaminado.

Para que el estómago lo tolere, mezcle el pimiento con un vegetal muy suave, como la zanahoria, y añada también un poco de agua.

La zanahoria y el pimiento se complementan: uno aporta ácido ascórbico y el otro carotenos.

Ideas para mezclas

Tomate, zanahoria, pepino, limón, col, ensalada.

Rábano rosa y rábano negro

Temporada: primavera, verano y otoño

Valor nutritivo: 15 kcal/100 g

Propiedades nutritivas

Pequeña verdura de sabor muy típico, el rábano, rosa o negro, se integra bien en cócteles de zumos vegetales. Aunque bien provisto de vitamina C (23 mg/100 g), el rábano rosa es superado por su primo el rábano negro (100 mg/100 g). Sucede lo mismo en cuanto a su aporte de calcio (20 mg contra 105 mg/100 g).

La presencia de vitaminas está marcada por la importancia de la vitamina E (antioxidante) y de los folatos (síntesis de glóbulos rojos) en el rábano negro.

El aporte en hierro es bastante elevado en cada una de las dos variedades.

El fuerte sabor del rábano se debe a la presencia de azufre. Las sustancias con azufre tienen propiedades beneficiosas para la salud que se conocen cada vez mejor, como la protección frente al cáncer.

Consejos de preparación

Lave varias veces los rábanos, ya que han estado en contacto con la tierra. Pele los rábanos negros, cuya piel espesa puede dañar la licuadora. No es necesario pelar los rosas. Las hojas, si son frescas y sanas, también pueden utilizarse.

Los zumos de rábano tienen un sabor muy fuerte; por ello, hay que diluirlo o mezclarlo con otros vegetales (tomate, pepino).

Aportación a la forma y la belleza

Si se buscan las propiedades beneficiosas para la salud del rábano (aporte mineral, vitamina C, sobre todo compuestos del azufre), se preferirá el rábano negro, cuyos componentes están concentrados. El rábano rosa representa sin embargo un buen complemento, y su sabor se acepta mejor, ya que es menos pronunciado.

Ideas para mezclas

Tomate, zanahoria, pepino, hinojo, apio, verduras para ensalada frescas, hierbas frescas, col, cebolla.

Selección de verduras para ensalada
Temporada: todo el año
Valor nutritivo: 10 kcal/100 g

Propiedades nutritivas

Para realizar zumos, se utilizan todas las verduras para ensaladas: lechuga, berros, cardillo… Tienen en común una cierta riqueza en ácido fólico (o vitamina B_9) y en hierro, dos sustancias que ayudan a luchar contra la anemia, así como un índice elevado de carotenos y de vitamina C.

El cardillo y el berro se distinguen por un elevado aporte de calcio y magnesio, indispensables para el funcionamiento neuromuscular. El aporte energético de estas verduras es insignificante; se utilizarán con abundancia, incluso en caso de restricción calórica.

Consejos de preparación

Escoja las hojas bien coloreadas (más ricas en carotenos). Lávelas y lícuelas. Corte las hojas más fibrosas (cardillo, escarola).

Aportación a la forma y la belleza

Las verduras de ensalada aportan vitamina C y carotenos. Durante la temporada, aproveche el cardillo y el berro, que tienen una fuerte concentración de sales minerales. Todas estas verduras tienen un efecto diurético marcado (riqueza en agua y potasio), que estimula la eliminación de agua a través de los riñones.

Ideas para mezclas

Las verduras de ensalada entre sí, limón, zanahoria, ajo, cebolla, col, pepino, sandía, hierbas aromáticas.

Tomate

Temporada: verano y otoño
Valor nutritivo: 15 kcal/100 g

Propiedades nutritivas

Hortaliza básica durante todo el periodo estival, el tomate es muy poco calórico, ya que contiene mucha agua. Se puede consumir a voluntad.

Su contenido de vitamina C es medio (18 mg/100 g), al igual que su aporte de carotenos. Debido a la frecuencia de su consumo, contribuye a cubrir nuestras necesidades vitamínicas.

En zumo, el tomate es muy bien tolerado por el sistema digestivo, ya que se eliminan su piel y sus pepitas. Es menos ácido que el manufacturado, que suele estar concentrado.

Consejos de preparación

El tomate es la hortaliza ideal para realizar todas las bases de cócteles de zumos vegetales. Jugoso y sabroso, es imprescindible.

Es preferible utilizar el tomate de verano, más jugoso, incluso si esta hortaliza está disponible todo el año. Lave los tomates con agua, córtelos en cuatro y lícuelos. También puede, para conservar la pulpa, hervirlos unos minutos, pelarlos y batirlos. Si el zumo es demasiado espeso, dilúyalo con un poco de agua. Consúmalo al natural o junto con otras frutas y vegetales.

Aportación a la forma y la belleza

Agua, pocas calorías y un aporte mineral y vitamínico relativamente interesante: el tomate puede consumirse a menudo, sin ningún inconveniente para la línea. Su buen aporte de potasio, junto con un índice de sodio bajo, lo convierte en una hortaliza diurética que previene la retención de agua.

Ideas para mezclas

Con todos los vegetales.

Zanahoria

Temporada: todo el año
Valor nutritivo: 35 kcal/100 g

Propiedades nutritivas

La zanahoria debe su bonito color a los pigmentos que contiene en cantidad muy elevada, en esencia betacaroteno. Dotados de propiedades antioxidantes, esos pigmentos protegen las células del ataque de los radicales libres, causantes del envejecimiento prematuro de los tejidos.

El betacaroteno se transforma en el organismo en vitamina A, necesaria para el funcionamiento de la retina y el crecimiento. La riqueza del zumo de zanahoria en esta vitamina es excepcional: sólo 50 ml cubren las necesidades diarias. Por otra parte, no existe ningún riesgo de sobredosis, ya que los carotenos están almacenados y son progresivamente utilizados por el organismo.

La zanahoria también tiene calcio (30 mg/100 g) y potasio, que la hace diurética.

Consejos de preparación

Las zanahorias «buenas» o primeras, cosechadas en primavera, dan mejores resultados para la realización de zumos. En efecto, son jugosas, dulces y menos fibrosas que las zanahorias de conservación.

Lave las zanahorias con agua y luego páselas por la licuadora. El zumo, muy coloreado, puede mezclarse con agua o se le puede añadir zumo de limón.

Aportación a la forma y la belleza

El zumo de zanahoria es un verdadero producto de belleza: sus pigmentos protegen la piel (y todos los tejidos en general) de las agresiones del sol, de la contaminación, del tabaco. Es un zumo muy dulce, que debe consumirse regularmente para contrarrestar los efectos de la superproducción de radicales libres.

Ideas para mezclas

Tomate, pepino, apio, hinojo, rábano, pomelo, limón, naranja, albaricoque, mango, kiwi, piña, manzana, ciruela pasa, pera, melocotón.

TERCERA PARTE

RECETAS

Todas las recetas incluidas en este libro están preparadas para proporcionar 25 cl de zumo, o sea, un gran vaso. Pero esas cantidades pueden variar en función del grado de madurez y de la variedad de las frutas y vegetales utilizados. Le aconsejamos que prevea una cantidad ligeramente superior, en el caso que los vegetales sean poco jugosos.

Algunas frutas como el plátano, la manzana o la ciruela dan zumos muy espesos. Si desea que sean más fluidos, puede diluirlos con agua, zumo de limón o naranja. Se precisa una licuadora sencilla, y hay que mondar las frutas y vegetales de piel muy fibrosa (naranja, piña, mango). A menudo es preferible quitar el corazón de las manzanas y las peras, ya que las pepitas aplastadas pueden dar al zumo un sabor poco agradable.

Algunas licuadoras más potentes no necesitan que se pele la fruta ni los vegetales, sólo cortados a trozos. La receta, en ese caso, es más simple; pero hay que lavar las frutas y vegetales antes de utilizarlos para eliminar cualquier resto de polvo o manchas. Como ya hemos subrayado, los zumos de frutas y vegetales no se conservan, y su riqueza en vitaminas, todas muy frágiles, depende del tiempo que pase entre la extracción y el consumo.

Por ello, le aconsejamos que, al realizar los zumos, utilicen ingrediente previamente refrigerados. Eso evita tener que refrescar el zumo tras ser exprimido. Si los vegetales no estuvieran frescos, añada un poco de hielo en el zumo.

Los zumos de frutas

Los zumos simples

ALBARICOQUE

INGREDIENTES

500 g de albaricoques maduros y jugosos

1 limón

1 cucharadita de miel líquida

Preparación

Ponga los albaricoques en la nevera durante una hora para refrescarlos. Lávelos y retire el hueso. Páselos por la licuadora. Añada miel o un poco de zumo de limón.

Nuestro consejo

La miel es facultativa. El zumo de limón evita que adquiera un tono pardusco, debido a la oxidación de los pigmentos del albaricoque.

Forma y salud

Un zumo rico en carotenos antioxidantes con acción protectora respecto a cánceres y enfermedades cardiovasculares. Sus beneficios diuréticos se deben al potasio.

FRESA

INGREDIENTES
350 g de fresas
1 limón
1 cucharadita de azúcar
hojas de menta

Preparación

Deje las fresas en el frigorífico para que se refresquen (una hora) y luego lávelas muy rápido con agua fría. Quite los rabillos y pase las fresas por la licuadora. Añada unas gotas de zumo de limón y un poco de azúcar. Consúmalas con algunas hojas de menta picada.

Nuestro consejo

Mezcle las fresas del jardín y las del bosque para obtener un zumo con un sabor más pronunciado. El zumo de limón permite realzar su sabor. También puede prepararlo batiendo las fresas con agua: el zumo será mucho más rico en pulpa y en fibra.

Forma y salud

La fresa es una fruta rica en vitamina C y sustituye a los cítricos en primavera y verano. La vitamina C, antioxidante natural, previene el envejecimiento de los tejidos y facilita la asimilación de hierro. Participa en la lucha contra la anemia.

KIWI

INGREDIENTES
400 g de kiwis

Preparación

Ponga los kiwis al fresco durante dos horas. Pélelos, córtelos a trozos y lícuelos. Sirva fresco.

Nuestro consejo

Los kiwis se conservan a temperatura ambiente; refrésquelos justo antes de preparar el zumo pero no los almacene en el frigorífico, porque perderían su sabor.
Para colorear el zumo con pequeñas semillas negras, recupere algunas cucharadas de pulpa en la cubeta de la licuadora, y añádalas al zumo. Remueva y sirva.

Forma y salud

Disponible durante toda la temporada, el kiwi es una fruta que debe consumirse con regularidad, ya que contiene nutrientes indispensables. Remineralizante (calcio, magnesio, potasio, hierro), es la más rica en vitamina C: un vaso de zumo cubre las necesidades de un día para un adulto.

MANDARINA

INGREDIENTES
350 g de mandarinas

Preparación

Ponga las mandarinas en el frigorífico durante tres horas. Pélelas y lícuelas o exprímalas (sin pelarlas). Recoja el zumo y sírvalo.

Nuestro consejo

Las mandarinas contienen un zumo menos ácido que la mayoría de cítricos. Los niños y quienes padecen intolerancia gástrica lo tolerarán muy bien. Debe consumirse de inmediato para limitar la destrucción de la vitamina C en contacto con el oxígeno del aire.

Forma y salud

La mandarina es muy rica, al igual que todos los cítricos, en vitamina C. Por ello es un zumo que debe consumirse regularmente a lo largo de todo el invierno para estimular las defensas inmunitarias y aumentar la resistencia a las infecciones.

LOS ZUMOS DE FRUTAS

MANZANA

INGREDIENTES
400 g de manzanas
1 limón

Preparación

Conserve las manzanas en la nevera para que estén frescas. Córtelas a cuartos, retire el corazón y pase los cuartos por la licuadora. Añada un poco de zumo de limón y consuma de inmediato.

Nuestro consejo

El zumo de manzana se oxida muy rápidamente cuando se expone al oxígeno, y pierde una parte de sus propiedades nutritivas. La pulpa tiende a subir a la superficie; por lo tanto hay que consumirlo rápidamente.

Forma y salud

La manzana es una fruta muy bien tolerada por el estómago; su efecto laxante se debe a la presencia de sorbitol, un glúcido que estimula el tránsito intestinal.

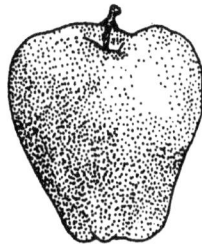

MELOCOTÓN

INGREDIENTES

400 g de melocotones
1 cucharadita de miel
1 limón

Preparación

Refresque los melocotones durante una hora en el frigorífico. Córtelos a cuartos y retire el hueso. Pase los trozos por la licuadora. Añada limón y un poco de miel. Sírvalo frío.

Nuestro consejo

Los melocotones blancos tienen un sabor muy delicado, pero su zumo se oxida rápidamente. Por ello es imperativo añadir zumo de limón. El zumo de los de agua es muy coloreado y más apetitoso. Consuma este zumo fresco pero no helado para preservar su sabor.

Forma y salud

El melocotón es diurético: favorece la eliminación de agua a nivel renal y evita la retención hidrosodada. Los melocotones amarillos contienen más pigmentos con propiedades protectoras, que previenen el envejecimiento, las enfermedades cardiovasculares y algunos cánceres.

MELÓN

INGREDIENTES
300 g de melón (pesado sin piel)
1 limón

Preparación

Conserve el melón al fresco, envuelto en una bolsa hermética. Pélelo y quítele las semillas. Pase la pulpa por la licuadora. Recoja el zumo, añada algunas gotas de zumo de limón y sirva frío.

Nuestro consejo

Escoja un melón muy dulce y maduro. Algunos productores garantizan el 12 % de azúcar, perfecto para zumo. Si no es lo bastante dulce, sabrá a pepino.

Forma y salud

Preparado en zumo, el melón pierde una parte de sus fibras, pero puede conservar un efecto laxante. Muy rico en carotenos, el melón tiene propiedades antioxidantes.

NARANJA

INGREDIENTES
400 g de naranjas

Preparación

Conserve las naranjas al fresco. Pélelas, córtelas en grue-
sos cuartos y lícuelas. Sirva bien fresco. Este zumo puede
realizarse con un exprimidor.

Nuestro consejo

Escoja naranjas muy jugosas (Salustiana o Valencia) o incluso sanguinas. Retire la parte blanca debajo de la piel
porque puede dar un sabor un poco amargo. La piel de los
frutos no tratados, llena de esencias aromáticas, puede
añadirse al zumo, en pequeñas cantidades.

Forma y salud

Gran clásico de los zumos de frutas, el zumo de naranja
aporta vitamina C. Un gran vaso cubre las necesidades
diarias de esta vitamina. También contienen pigmentos
protectores del sistema venoso. Consumido con su pulpa,
previene los resfriados.

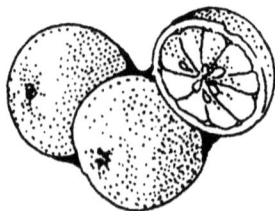

PERA

INGREDIENTES
400 g de peras
1 limón

Preparación

Refresque las peras en la nevera durante dos horas. Córtelas a cuartos, quíteles el corazón y páselas por la licuadora. Añada algunas gotas de zumo de limón y sirva.

Nuestro consejo

Las peras deben deshacerse para poder dar zumo. Escoja las variedades más jugosas, Conferencia o Williams, por ejemplo. El limón evita que el zumo adquiera un tono pardusco. Añada un poco de agua si este es demasiado espeso.

Forma y salud

Sin la parte de fibras duras, la pera se tolera bien cuando se consume en zumo.

Aporta un largo abanico de minerales y vitaminas, pero en cantidad moderada.

Piña

INGREDIENTES
400 g de piña (pesada sin la piel)
unas gotas de extracto de vainilla

Preparación

Ponga la piña a refrigerar durante cuatro horas. Pélela y retire la parte central, muy fibrosa. Córtela en dados y páselos por la licuadora. Añada dos gotas de vainilla en el zumo y sírvalo fresco.

Nuestro consejo

Escoja una piña muy madura y dulce para obtener un zumo sabroso. Las pequeñas piñas Victoria, cuya pulpa es muy aromática, son muy indicadas.

Forma y salud

Además de facilitar la digestión de las proteínas, gracias a la presencia de una enzima (la bromelina), el zumo de piña es muy remineralizante. La presencia de fibras y de potasio lo convierte en un depurador renal y digestivo.

Pomelo

INGREDIENTES

300 g de pomelos (pesados sin piel)

Preparación

Conserve los pomelos al fresco. Pélelos. Córtelos en cubos y lícuelos. Sirva el zumo fresco.

Nuestro consejo

Escoja pomelos rosas, más suaves que los amarillos, para no añadir azúcar. Es un zumo que debe consumirse rápidamente para aprovechar la vitamina C.

Forma y salud

Un aporte calórico ligero (40 kcal/100 ml) permite que se consuma sin restricción durante los regímenes adelgazantes.

El contenido de pigmentos flavonoides y de vitamina C del pomelo lo convierten en un complemento ideal en los regímenes dietéticos.

UVA

INGREDIENTES

300 g de uva blanca o negra

Preparación

Conserve la uva en el frigorífico durante algunas horas. Lávela con agua fresca, retire los rabillos y lícuela. Consuma el zumo rápidamente.

Nuestro consejo

El zumo de uva negra hecho en casa no es siempre muy coloreado, ya que los pigmentos azules se encuentran en la piel. Un poco de zumo de limón fresco dará un sabor más ácido a este zumo tan dulce.

Forma y salud

Una excelente fuente de glúcidos, un zumo ideal para deportistas, adolescentes y niños. Su riqueza en potasio le confiere un gran efecto diurético.

Las mezclas

Belleza

ALBARICOQUE-MELOCOTÓN-MELÓN

INGREDIENTES
100 g de albaricoques
150 g de melocotones
100 g de melón

Preparación

Conserve los frutos en el frigorífico (durante dos horas). Abra en dos los albaricoques y los melocotones y retire los huesos. Pele y quite las semillas del melón. Pase las frutas por la licuadora. Tome el zumo frío.

Nuestro consejo

La proporción de frutas puede modificarse, según sus gustos. Cuidado, sin embargo, al aumentar la cantidad de albaricoques, ya que el cóctel sería demasiado espeso. El melón, rico en agua, tiene la ventaja de diluir antes la mezcla.

Forma y salud

Una forma agradable de preparar nuestra piel a la exposición al sol, ya que aquí los carotenos son abundantes. Su efecto laxante se debe a la presencia del melón.

Variante

Añada sandía o sustituya los melocotones por nectarinas. A finales de verano, algunas bayas de uva mejoran el aporte de glúcidos de este zumo, completando el aporte de sustancias protectoras de la microcirculación.

Vitamínicos

NARANJA-PIÑA

INGREDIENTES
150 g de naranjas
150 g de piña

Preparación

Refresque las frutas durante dos horas en el frigorífico. Pélelas y páselas por la licuadora. Consuma el zumo enseguida.

Nuestro consejo

Escoja una piña muy madura y jugosa. Quite la parte central, que es muy fibrosa y no contiene casi zumo. Cuanto más coloreada sea la piña (amarillo tirando a naranja), más rica será en carotenos antioxidantes.

Forma y salud

La bromelina, sustancia natural contenida en la piña, es una enzima que facilita mucho la digestión de las proteínas. El zumo de piña ayuda a la digestión de comidas ricas en carne o queso. El zumo de naranja aporta vitamina C.

Variante

La nuez de coco completa este zumo exótico: añada un trozo, con una parte de la leche contenida en la nuez, en la licuadora. Para un zumo más acidulado, sustituya las naranjas por pomelo. El plátano hará que el cóctel sea más dulce.

PLÁTANO-MANZANA-MANDARINA

INGREDIENTES

100 g de plátanos
150 g de manzanas
150 g de mandarinas

Preparación

Ponga las frutas en el frigorífico durante dos horas. Pele el plátano y las mandarinas. Corte la manzana y quítele el corazón. Pase las frutas por la licuadora y saboree el zumo enseguida.

Nuestro consejo

El «zumo» del plátano es muy espeso. Será preciso escoger una manzana acuosa para compensar. Las variedades mejor adaptadas son la Gala, la Fuji o la Jonagold.

Forma y salud

Un zumo bien equilibrado que aporta energía (plátano), fibras suaves (manzana) y vitamina C (mandarina). La presencia de las mandarinas permite limitar la oxidación del zumo y evita que se ponga pardusco.

Variante

Algunas frutas de la pasión ensalzarán el sabor de este zumo, que puede parecer un poco soso, al igual que la piña.

Energéticos

MANGO-NARANJA

INGREDIENTES
150 g de mango
200 g de naranjas

Preparación

Conserve las frutas en el frigorífico durante dos horas. Pele las naranjas y el mango y retire el hueso del mango. Pase las frutas por la licuadora y tome el zumo frío.

Nuestro consejo

Aumente la proporción de naranja si el zumo es un poco espeso o añada un poco de agua. Las naranja sanguinas dan, con el mango, un cóctel muy coloreado y agradable de beber.

Forma y salud

Una mezcla con propiedades antioxidantes y protectoras. Los carotenos del mango se asocian a los flavonoides de las naranjas, dos sustancias naturales que neutralizan los radicales libres y protegen las células de sus efectos nocivos.

Variante

Para cambiar, añada carambola, cuyo sabor acidulado realza el de las demás frutas. La piña da también buenos resultados.

PERA-MANZANA-PLÁTANO

INGREDIENTES
100 g de peras
150 g de manzanas
100 g de plátanos
1 limón

Preparación

Pele las frutas. Retire el corazón de la manzana y de la pera. Pase las frutas por la licuadora y añada un chorrito de zumo de limón. Tome el zumo frío.

Nuestro consejo

Un zumo fácil de realizar a lo largo de todo el invierno, ya que estas frutas están disponibles sin interrupción. Para evitar la oxigenación, que modifica su color, añada limón y consuma el zumo rápidamente.

Forma y salud

Un zumo de frutas energético, bien adaptado al desayuno y a la merienda de niños y adolescentes.

Variante

Añada dos higos frescos cortados a trocitos en la licuadora para mejorar el aporte energético y el contenido de fibras del cóctel.

Especial vitamina C

NARANJA-POMELO-KIWI

INGREDIENTES
100 g de naranjas
150 g de pomelos
100 g de kiwis

Preparación

Pele la naranja y el pomelo. Pele el kiwi. Páselo todo por la licuadora. Tome el zumo muy frío.

Nuestro consejo

El zumo no será demasiado ácido si escoge una naranja dulce o sanguina y un pomelo rosa. Añadir un poco de agua suaviza el zumo sin aportar calorías.

Forma y salud

Un zumo rico en vitamina C, que participa en el funcionamiento de las defensas inmunitarias. Se consume a lo largo de todo el invierno.

Variante

Sustituya el kiwi por frutas de la pasión, excelente fuente de vitamina C. Las mandarinas, en lugar del pomelo, dan un zumo más suave, ya que contiene menos ácidos orgánicos.

PERA-MANDARINA

INGREDIENTES
150 g de peras
200 g de mandarinas

Preparación

Conserve las frutas en el frigorífico. Pélelas, retire el corazón de la pera y lícuelas. Consuma el zumo enseguida.

Nuestro consejo

La mandarina, acidulada pero no ácida, realza el sabor delicado de la pera. Limita la oxidación del zumo de pera, que cambia de color cuando entra en contacto con el aire y se vuelve pardusco.

Forma y salud

Un zumo muy suave indicado para los estómagos más sensibles, ya que no es ácido y contiene pocas fibras irritantes.

Variante

Puede añadirle manzana, uva u otro cítrico (naranja, pomelo), pero, en ese caso, el zumo se hace más ácido.

Equilibrio del tránsito intestinal

GROSELLA-CASIS-MANZANA

INGREDIENTES
150 g de grosellas rojas
100 g de grosellas negras
150 g de manzana dulce

Preparación

Limpie las bayas con agua y luego desgránelas. Pele la manzana y retire el corazón. Pase las frutas por la licuadora y tome el zumo enseguida.

Nuestro consejo

Las bayas son un poco ácidas, con lo que se recomienda escoger una manzana muy dulce (Golden, Jonagold) para obtener un zumo agradable. Añada un poco de miel o de azúcar.

Forma y salud

Un zumo muy poco calórico (si se abstiene de añadirle azúcar), pero lleno de vitaminas (carotenos y vitamina C) y de sustancias protectoras de los capilares. Debe consumirse de inmediato para limitar la oxidación en contacto con el aire. El casis y la manzana regulan el tránsito intestinal.

Variante

El casis puede ser sustituido por arándanos, que aportan provitamina A (carotenos).

Diurético

UVA-LIMÓN-PERA

INGREDIENTES
200 g de uvas
1 limón
150 g de peras

Preparación

Lave la uva con agua fresca y desgránela. Pele luego la pera y el limón. Pase las frutas por la licuadora y tome el zumo enseguida.

Nuestro consejo

Escoja una planta muy madura para que sea jugosa y se deshaga. La uva blanca o negra da también buenos resultados.

Forma y salud

Un zumo de frutas diurético gracias al aporte elevado de potasio, una sal mineral que mejora la eliminación hidrosodada.

Variante

Algunos dados de ruibarbo darán a este zumo un sabor más ácido. El limón puede ser sustituido por una naranja o por medio pomelo.

Los zumos de hortalizas

Equilibrio del tránsito intestinal

ALCACHOFA-MENTA-LIMÓN-TOMATE

INGREDIENTES
100 g de fondos de alcachofa
unas hojas de menta
1 limón
200 g de tomates

Preparación

Conserve los vegetales en el frigorífico. Retire las hojas de la alcachofa y luego lave el fondo con agua. Lave la menta y los tomates. Pase las verduras por la licuadora y recoja el zumo. Añada un poco de zumo de limón y sírvalo.

Nuestro consejo

La alcachofa debe ser fresca para dar un zumo de buena calidad. Escoja los tomates más maduros para que el zumo sea perfumado y equilibre el amargor de la alcachofa. El zumo de limón previene la oxidación del de alcachofa, que se oscurece muy rápido.

Forma y salud

La alcachofa ha adquirido fama gracias a sus propiedades digestivas: estimula la secreción de jugos gástricos y favorece las contracciones de la vesícula biliar. Además es un vegetal rico en minerales anticansancio: hierro, calcio y magnesio.

Variante

El tomate puede ser sustituido por la zanahoria (rica en carotenos) o el pepino (bajo en calorías).

Desintoxicante

PEPINO-TOMATE-RÁBANO NEGRO

INGREDIENTES

100 g de pepinos
150 g de tomates
100 g de rábanos negros

Preparación

Utilice verduras refrigeradas. Lave el pepino, los tomates y los rábanos negros tras pelarlos. Pase las verduras por la licuadora. Tome el zumo rápidamente.

Nuestro consejo

Se pueden variar las proporciones de cada ingrediente para modificar el sabor del zumo: más tomate para un zumo más suave, más pepino para un zumo más acuoso.

Forma y salud

Un zumo ligero que estimula las funciones digestivas y renales. Debe utilizarse en curas primaverales y en otoño, para efectuar una limpieza del organismo.

Variante

Añada cebolla, ajo y cebolleta: obtendrá un zumo de gusto más marcado y más concentrado en micronutrientes.

Especial vitamina C

COL BLANCA-COL ROJA-ZANAHORIA

INGREDIENTES
100 g de col blanca
100 g de col roja
150 g de zanahorias

Preparación

Conserve los ingredientes en el frigorífico. Lave las coles y las zanahorias con agua fresca. Páselas por la licuadora y consúmalas rápidamente.

Nuestro consejo

Un chorrito de zumo de limón atenúa el sabor típico de la col y preserva el color de la mezcla. Las coles deben escogerse frescas, justo tras su cosecha; de lo contrario, su sabor se hace muy pronunciado.

Forma y salud

La col, muy rica en compuestos azufrados, previene algunas enfermedades como los cánceres o las enfermedades cardiovasculares. En zumo, conserva una buena parte de sus cualidades: la vitamina C, carotenos y sustancias ricas en azufre.

Variante

La manzana casa con la col y las zanahorias, al igual que la pera, a la vez que suaviza el sabor de la col.

LIMÓN-MENTA

INGREDIENTES
2 limones
10 hojas de menta

Preparación

Disponga los limones en el frigorífico durante dos horas. Lave la menta con agua fresca. Pele los limones y páselos por la licuadora, junto con la menta. Diluya el zumo con un poco de agua y consúmalo fresco.

Nuestro consejo

Los limones verdes (o limas) dan resultados, ya que son aromáticos y menos ácidos. Se puede azucarar para limitar su acidez.

Forma y salud

No hay calorías en este zumo, pero sí vitamina C, pigmentos antioxidantes y ácidos orgánicos que reequilibran el pH del organismo. Un zumo que se beberá sin limitaciones durante un régimen adelgazante.

Variante

Añadir pepino no modifica el aporte energético de este zumo. Un poco de ajo o cebolla mejora su efecto benéfico sobre la circulación sanguínea.

PEPINO-MENTA-LIMÓN

INGREDIENTES
200 g de pepino
algunas hojas de menta
1 limón

Preparación

Utilice vegetales refrigerados. Lave el pepino y la menta. Pele el limón. Páselo todo por la licuadora y tómelo frío.

Nuestro consejo

Algunas variedades de pepino son muy amargas y no están indicadas para la preparación del zumo: los pepinos suaves dan mejores resultados. El limón verde (o lima), muy aromático, es ideal para esta receta.

Forma y salud

Prácticamente desprovisto de calorías, este zumo aporta, en cambio, vitamina C y flavonoides, pigmentos naturales que protegen de los radicales libres. Desprovisto de sodio, facilita la eliminación de agua y estimula el trabajo de los riñones.

Variante

Enriquezca y suavice este zumo con zanahorias o frutas —cítricos o frutas exóticas— para lograr un suplemento de vitamina C.

PIMIENTO-TOMATE-LIMÓN

INGREDIENTES

100g de pimientos
200 g de tomates
1 limón

Preparación

Refresque los ingredientes durante dos horas. Lave los tomates y el pimiento. Pele el limón. Páselos por la licuadora y tome el zumo rápidamente.

Nuestro consejo

El pimiento rojo dará un zumo de bonitos colores. Escoja un pimiento bien carnoso y con la piel muy lisa y brillante: es una señal de frescor.

Forma y salud

Un zumo rico en vitamina C (pimiento, limón), que es preciso consumir con rapidez para evitar su destrucción en contacto con el aire. Su aporte energético es insignificante; se puede pues consumir sin limitaciones en caso de régimen hipocalórico y su aporte mineral y vitamínico es un complemento ideal.

Variante

El zumo de una zanahoria suavizará este zumo y completará el aporte vitamínico gracias a sus carotenos. El apio, con su sabor tan particular, casa muy bien con el tomate y el pimiento.

Ricos en carotenos

CALABAZA-PEREJIL-ZANAHORIA

INGREDIENTES
100 g de calabaza
algunas ramitas de perejil
200 g de zanahorias

Preparación

Conserve los ingredientes en el frigorífico antes de preparar el zumo (al menos 2 horas). Pele la calabaza y pásela por agua. Lave las zanahorias y el perejil. Pase las verduras por la licuadora y recoja el zumo. Añada un poco de agua si el zumo es demasiado espeso.

Nuestro consejo

La calabaza no es demasiado jugosa: da un zumo espeso que podría diluirse con un poco de agua. Si el sabor dulzón de esta mezcla no le seduce, añada limón.

Forma y salud

Un zumo rico en carotenos, protectores de nuestras células. Cuanto más pronunciado sea el color de las zanahorias y de la calabaza (naranja), más rica será su pulpa en pigmentos vegetales antioxidantes.

Variante

Un zumo de naranja ligeramente acidulado casa con la zanahoria y la calabaza, y completa el aporte de vitamina C.

CARDILLO-BERRO-LIMÓN

INGREDIENTES
100 g de cardillo
150 g de berros
1 limón

Preparación

Conserve los ingredientes en el frigorífico durante dos horas. Lave las hortalizas y escúrralas. Pele el limón. Lícuelo todo, dilúyalo con un poco de agua y tómeselo.

Nuestro consejo

Escoja hortalizas recién cosechadas, que dan más zumo y son ricas en vitaminas. El limón mejora el color de esta mezcla, y su sabor acidulado equilibra el amargor del cardillo.

Forma y salud

Dos hortalizas con gran concentración de carotenos (pigmentos antirradicales libres), pero también de hierro y de vitamina B_9. La presencia de vitamina C, contenida en el limón, facilita la asimilación de hierro.

Variante

Sustituya una parte del cardillo por lechuga: el sabor del zumo será más suave. También puede alargarlo con zumo de zanahoria o de tomate.

ZANAHORIA

INGREDIENTES
350 g de zanahorias

Preparación

Coloque las zanahorias en la parte baja de la nevera. Lávelas con cuidado en agua fría raspándolas. Páselas por la licuadora y consuma el zumo enseguida.

Nuestro consejo

Este zumo es delicioso cuando se realiza con zanahorias nuevas, en primavera y en verano. Las conservadas (otoño-invierno) son más fibrosas y menos jugosas, por lo que se necesita aumentar la cantidad. Añadir un poco de agua puede suavizar el sabor de la zanahoria.

Forma y salud

La zanahoria es la raíz más rica en betacaroteno, un pigmento antioxidante y precursor de la vitamina A. Consumido con regularidad, el zumo de zanahoria puede dar una coloración anaranjada a la piel, sin daño para la salud. Esta coloración desaparece cuando se detiene su consumo.

Variante

Este zumo se puede mezclar con el limón o la naranja, cuya acidez disminuye el sabor dulzón de la zanahoria. La pimienta y el zumo de ajo dan un poco de picante al simple zumo de zanahoria.

Remineralizantes

ESPINACAS-TOMATE-LIMÓN

INGREDIENTES
100 g de espinacas frescas
200 g de tomates muy maduros
1 limón

Preparación

Conserve las verduras en la nevera. Lave las espinacas y los tomates con agua fresca. Licúelos, añada un chorrito de limón y consuma enseguida.

Nuestro consejo

Las espinacas deben ser jóvenes y tiernas; si no es así, aumente la cantidad para obtener bastante zumo. Escoja los tomates en plena temporada, colorados y jugosos. Los de invernadero tienen poco sabor.

Forma y salud

Las espinacas son un verdadero concentrado de minerales y vitaminas: le recargarán de calcio, hierro, cobre, provitamina A y B_9. Su efecto laxante está presente cuando se consume en zumo, ya que no sufre la cocción que puede debilitarlo. El zumo de limón mejora la asimilación de hierro contenido de las espinacas, lo que hace que su presencia aquí sea fundamental desde el punto de vista nutritivo.

Variante

Añada al zumo una punta de cebolla o ajo o sustituya las espinacas por pepino.

RÁBANO NEGRO-TOMATE-PEREJIL

INGREDIENTES

100 g de rábanos negros
200 g de tomates
Algunas ramitas de perejil

Preparación

Disponga las verduras en el frigorífico y consérvelas dos horas en él. Pele y luego lave el rábano negro. Lave los tomates y el perejil. Pase las verduras por la licuadora y saboree el zumo.

Nuestro consejo

Se pueden utilizar para esta receta rábanos rosas, cuyo sabor es menos pronunciado que el de los negros. En ese caso, no es necesario pelarlos.

Forma y salud

El rábano negro es una excelente fuente de sales minerales, en particular de hierro. Contiene sustancias protectoras que frenan el desarrollo de cánceres. Muy ligero, se asocia al tomate, cuyo aporte calórico es insignificante. Un cóctel vitaminado que debe consumirse con regularidad.

Variante

Un toque de zumo de alcachofa mejora las propiedades digestivas de este cóctel estimulando la producción hepática de bilis y su excreción vesicular.

REMOLACHA-TOMATE-AJO-PEREJIL

INGREDIENTES
100 g de remolacha cruda
200 g de tomates
1 diente de ajo
Algunas ramitas de perejil

Preparación

Conserve los ingredientes en el frigorífico durante dos horas. Pele la remolacha y el diente de ajo. Lave todos los vegetales con agua fría. Licuelos y consuma enseguida.

Nuestro consejo

La remolacha cruda está disponible en los mercados en otoño. Encontrará también en este periodo tomates aromáticos y muy jugosos. El ajo realza el sabor de este zumo, pero, si no le gusta, puede sustituirlo por más perejil o cebolleta.

Forma y salud

La remolacha es una verdura rica en glúcidos y sobre todo en pigmentos vegetales. Bien provista de sales minerales, tiene aquí el complemento del perejil, concentrado en micronutrientes (vitaminas y sales minerales).

Variante

Añada zumo de uva negra para mejorar el aporte de antocianos protectores de las venas (pigmentos violetas) y suavizar el sabor de la mezcla.

TOMATE-PIMIENTO-CEBOLLA

INGREDIENTES
200 g de tomates
100 g de pimientos
50 g de cebolla

Preparación

Conserve las verduras en el frigorífico durante dos horas. Lave los tomates y el pimiento. Pele la cebolla y pase los vegetales por la licuadora. Consuma el zumo fresco.

Nuestro consejo

La cebolla da un zumo de sabor pronunciado, no es necesario utilizar una gran cantidad. Escoja tomates muy maduros y jugosos para obtener un cóctel fluido y, si es preciso, añada un poco de agua para diluirlo.

Forma y salud

La cebolla es un vegetal muy sano: remineralizante, contiene compuestos antisépticos y sustancias implicadas en la prevención de cánceres. Como el ajo, actúa sobre la circulación. En los zumos, al estar cruda, sus componentes permanecen intactos, pero su fuerte sabor debe ser atenuado por otras verduras más suaves.

Variante

El pimiento puede ser sustituido por sandía para los que no aprecien su sabor. Pero el zumo aporta entonces menos vitamina C.

ZANAHORIA-APIO-LIMÓN

INGREDIENTES
200 g de zanahorias
150 g de apio-rábano
1 limón

Preparación

Conserve las verduras en el frigorífico. Lave las zanahorias con agua fresca, pele el apio y lávelo. Pase los vegetales por la licuadora y recoja el zumo. Añada un chorrito de limón y consuma enseguida.

Nuestro consejo

A veces el apio tienen un sabor un poco fuerte: aumente la proporción de zanahorias y limón o añada un poco de agua.

El limón es indispensable: evita la oxidación del apio, sensible al aire.

Forma y salud

Un zumo remineralizante, pero un poco rico en sodio (sal), que no favorece la eliminación renal. Debe consumirse alternándolo con otros zumos y evitarse en caso de régimen sin sal. Para los deportistas, este zumo puede ser un buen aliado para recargar el organismo de sal tras un entrenamiento intensivo.

Variante

Añada pepino u hojas de ensalada para aprovechar su aporte mineral y vitamínico, sin añadir calorías suplementarias.

Los zumos de frutas y hortalizas

Tono general

PERA-ESPINACAS-NARANJA

INGREDIENTES
150 g de peras
50 g de espinacas
150 g de naranjas

Preparación

Conserve los ingredientes en el frigorífico durante dos horas. Lave las peras y las espinacas. Retire el corazón de las peras. Pele las naranjas. Licue y saboree.

Nuestro consejo

Escoja bien las peras, que deben ser dulces y deshacerse. Asocie las peras a naranjas muy dulces (Navellinas) y coloreadas (sanguinas), que casan con las espinacas y permiten obtener un zumo de calidad.

Forma y salud

Un zumo que representa un complemento de calcio (naranjas y espinacas), así como de hierro, cuya asimilación es facilitada por la presencia de vitamina C.

Variante

El plátano suaviza la mezcla y la enriquece en glúcidos: ponga pocas espinacas, en ese caso, para equilibrar los sabores.

Equilibrio del tránsito intestinal

PERA-ZANAHORIA-MANZANA-MENTA

INGREDIENTES
150 g de peras
100 g de zanahorias
100 g de manzanas
unas hojas de menta

Preparación

Mantenga los ingredientes frescos durante dos horas. Lave todos los vegetales. Retire el corazón a la pera y a la manzana. Pase los ingredientes por la licuadora.

Nuestro consejo

La menta realza el sabor de los demás ingredientes, pero es facultativa. Basta con añadir dos o tres hojas; una cantidad más elevada enmascara el sabor.

Forma y salud

Una mezcla rica en pectinas, las fibras suaves que estimulan el tránsito intestinal, sin agredir la mucosa de los intestinos. Rico en potasio, este zumo ejerce además una acción diurética.

Variante

El mango, la naranja o el pomelo pueden sustituir a la manzana: se obtiene un zumo con un sabor más franco y más acidulado.

ZANAHORIA-COL-MANZANA

INGREDIENTES

150 g de zanahorias
150 g de col blanca
150 g de manzanas aciduladas

Preparación

Disponga las manzanas y las verduras en el frigorífico durante dos horas. Lave las zanahorias, la col y las manzanas con agua fresca. Corte la manzana y retire el corazón. Pase los ingredientes por la licuadora.

Nuestro consejo

La col aromatiza el zumo; se puede aumentar la cantidad de zanahorias y de manzanas para suavizarlo. Es mejor utilizar manzanas aciduladas, ya que equilibran el zumo: Granny o Elstar.

Forma y salud

Un buen aporte de fibras solubles, ya que los tres vegetales son muy ricos. Un zumo indicado para el disfuncionamiento del tránsito intestinal.

Variante

Una rama de perejil y un poco de ajo aromatizarán más el zumo. La manzana puede ser sustituida por la pera, y la col por el pepino.

Vitamínico

HINOJO-MANZANA-NARANJA

INGREDIENTES
100 g de hinojo
150 g de manzana
150 g de naranja

Preparación

Refrigere las frutas y el hinojo dos horas. Lávelos con agua fresca. Retire el corazón de las manzanas, pele las naranjas. Pase los ingredientes por la licuadora. Tome el zumo fresco.

Nuestro consejo

Quite la parte exterior del hinojo, demasiado fibrosa y poco jugosa, y conserve sólo el corazón. Escoja naranjas y manzanas dulces, ya que equilibran el sabor anisado del hinojo.

Forma y salud

Un zumo bajo en calorías, pues contiene pocos glúcidos, pero está bien provisto de vitaminas (C y folatos). El aporte mineral es importante, en particular de calcio, hierro y potasio.

Variante

El hinojo puede ser sustituido por apio de tallos. Para un sabor más amargo, añada alcachofa.

Ricos en carotenos

MELÓN-ZANAHORIA-ALBARICOQUE

INGREDIENTES
150 g de melón
100 g de melocotones
100 g de zanahorias

Preparación

Conserve los alimentos en el frigorífico durante dos horas. Pele el melón. Lave el melocotón y retire el hueso. Lave la zanahoria y la uva con agua. Pase los ingredientes por la licuadora y tome el zumo muy frío.

Nuestro consejo

Es imprescindible escoger un melón aromático y muy dulce. Los melocotones blancos tienen un sabor más intenso que los amarillos pero no son siempre tan jugosos. Lo ideal es el melocotón de viña, aunque es más caro.

Forma y salud

Tanto el melón como la zanahoria y el melocotón amarillo son tres vegetales muy ricos en carotenos. Estos pigmentos antioxidantes protegen los tejidos de un envejecimiento prematuro. Un zumo que debe consumirse en cantidad durante el verano, periodo de exposición al sol, para limitar sus efectos negativos.

Variante

El zumo de naranja o de pomelo no modifica el color pero enriquece el zumo con vitamina C.

ZANAHORIA-UVA

INGREDIENTES

100 g de zanahorias

200 g de uva negra o blanca

Preparación

Conserve los alimentos en el frigorífico durante dos horas. Lave la zanahoria y la uva con agua fresca. Pase los ingredientes por la licuadora y tome el zumo frío.

Nuestro consejo

La uva blanca da un zumo claro, que, visualmente, casa con la naranja y la zanahoria. La uva negra permite obtener un zumo mucho más coloreado y con un sabor más marcado.

Forma y salud

Hay muchos carotenos y polifenoles en este zumo, dos sustancias que permiten luchar de forma natural contra los efectos dañinos de los radicales libres.

Variante

Muy dulce, esta mezcla puede enriquecerse con una punta de acidez: el zumo de limón casa y completa el aporte en ácido ascórbico (vitamina C).

Remineralizante

MANZANA-ALBARICOQUE-APIO

INGREDIENTES
150 g de manzanas
100 g de albaricoques
150 g de apio

Preparación

Conserve los alimentos en el frigorífico durante dos horas. Lave las manzanas y los albaricoques. Retire el corazón de las manzanas y el hueso de los albaricoques. Pele el apio y páselo por agua. Licue los ingredientes. Añada medio vaso de agua y tome el zumo sin esperar.

Nuestro consejo

La acidez del albaricoque puede verse reforzada por la de la manzana (tipo Granny) o suavizada por una manzana dulce (Jonagold, Fuji). Para lograr un zumo menos espeso, añada agua o un poco de zumo de naranja o de pomelo.

Forma y salud

Un zumo remineralizante, gracias al albaricoque y al apio (potasio, sodio, y calcio). A nivel vitamínico, los carotenos del albaricoque se ven completados aquí por la presencia de numerosas vitaminas (grupos B, C y E).

Variante

El albaricoque puede ser sustituido por una mezcla de naranja y ciruelas pasas, que tiene un efecto positivo sobre el tránsito intestinal.

Digestión

APIO-PERA-NARANJA

INGREDIENTES
100 g de apio de tallo
150 g de peras
150 g de naranjas

Preparación

Conserve los alimentos al fresco durante dos horas. Lave el apio y la pera, y luego retire el corazón de las peras. Pele las naranjas. Pase los ingredientes por la licuadora y tome el zumo muy frío.

Nuestro consejo

Utilice sólo el corazón del apio, las ramas externas son demasiado fibrosas. Escoja naranjas sanguinas, muy dulces y que den un bonito color al zumo.

Forma y salud

Se trata de un zumo muy equilibrado, que aporta la vitamina C de la naranja, las sales minerales del apio y las fibras suaves de la pera. Un excelente aperitivo que estimula las funciones digestivas.

Variante

Las frutas exóticas dan una mezcla más original: sustituya la pera por un mango, frutas de la pasión o piña.

COL-MANZANA

INGREDIENTES

100 g de col blanca

200 g de manzanas

Preparación

Conserve los alimentos en el frigorífico durante dos horas. Pase los ingredientes por la licuadora y tome el zumo enseguida.

Nuestro consejo

Según desee un zumo dulce o uno acidulado, escoja una manzana dulce (Golden, Starking) o más bien ácida (Granny, Elstar). Un zumo de limón atenúa el fuerte sabor de la col y evita que el zumo cambie de color.

Forma y salud

La col estimula las funciones digestivas y contiene sustancias con una acción protectora frente a los cánceres. Su riqueza en fibras la completa la manzana.

Variante

La pera también puede mezclarse con la col. La ciruela pasa mejora el efecto sobre el tránsito intestinal.

Propiedades de frutas y hortalizas frescas

Las frutas

Albaricoque: diurético, remineralizante, belleza de la piel, desintoxicante, antidiarreico.

Arándano: bajo en calorías, antidiarreico, desintoxicante, circulación.

Caqui: energético, belleza de la piel, circulación, antidiarreico.

Carambola: diurética, baja en calorías, belleza de la piel, tono general.

Casis: diurético, remineralizante, bajo en calorías, antidiarreico.

Cereza: diurética, remineralizante, energética, desintoxicante.

Ciruela: diurética.

Ciruela pasa: diurética, remineralizante, energética, equilibrio intestinal, belleza de la piel.

Frambuesa: diurética, baja en calorías.

Fresa: diurética, baja en calorías, tono general, desintoxicante.

Fruta de la pasión: diurética, remineralizante, tono general.

Grosella: diurética, baja en calorías, tono general, circulación, remineralizante.

Higo: remineralizante, energético.

Kiwi: diurético, remineralizante, equilibrio intestinal, tono general.

Limón: diurético, bajo en calorías, tono general, circulación.

Mandarina: diurética, remineralizante, tono general, circulación.
Manzana: antidiarreica, equilibrio intestinal, desintoxicante, digestión.
Melocotón: diurético, belleza de la piel.
Melón: diurético, bajo en calorías, equilibro intestinal, belleza de la piel.
Mora: diurética, desintoxicante, baja en calorías, antidiarreica, belleza de la piel.
Naranja: diurética, remineralizante, equilibrio intestinal, tono general, circulación.
Nuez de coco: remineralizante, energética.
Papaya: diurética, digestión.
Pera: desintoxicante.
Piña: diurética, tono general, digestión.
Plátano: remineralizante, antidiarreico, energético.
Pomelo: diurético, remineralizante, bajo en calorías, tono general, circulación.
Ruibarbo: remineralizante, bajo en calorías.

Sandía: diurética, baja en calorías, desintoxicante.
Uva: diurética, remineralizante, energética, equilibrio intestinal, circulación.

Las hortalizas

Ajo: desintoxicante, bacteriostático, circulación.
Alcachofa: remineralizante, desintoxicante, digestión.
Apio: remineralizante.
Calabaza: belleza de la piel.
Cebolla o chalote: diuréticos, bacteriostáticos, circulación.
Col: diurética, remineralizante, equilibrio intestinal, tono general, desintoxicante, bacteriostática.
Espinaca: remineralizante, baja en calorías, belleza de la piel.
Hierbas aromáticas (menta, cebolleta, perejil, albahaca, perifollo): remineralizantes, bajas en calorías.
Hinojo: remineralizante, tono general, desintoxicante, digestión.

Pepino: diurético, bajo en calorías, desintoxicante.

Pimiento: diurético, bajo en calorías, tono general, desintoxicante.

Rábano: diurético, remineralizante, bajo en calorías, tono general, desintoxicante, circulación.

Selección de verduras para ensalada: diuréticas, muy bajas en calorías.

Tomate: diurético, bajo en calorías, desintoxicante.

Zanahoria: remineralizante, antidiarreica, belleza de la piel, desintoxicante.

Índice de recetas
y preparados